앞서지 않아도 행복한 아이들

앞서지 않아도
행복한 아이들

기회 균등한
열린 사회는
학교에서 시작된다

최민아 지음

효형출판

교육은 우리의 삶을 풍요롭게 만든다.

우리 교육의 토양도 변화해
생동감 넘치는 아이들의 초록 녹음이
이 땅을 뒤덮을 날을 기대한다.

무엇보다 잘 자란 두 딸 지우와 해서에게
사랑과 고마움을 전한다.

내가 펜을 든 이유는 정말 단순하다. 타국에서는 크게 느끼지 못한 어려움을 내 나라에서 겪은, 일종의 희한한 경험을 했기 때문이다. 프랑스 유학을 마치고 한국으로 돌아온 나를 진심으로 힘들게 한 두 가지는 주거와 아이들 교육 문제였다. 주거에 관해서는 앞서 출간한 『우선 집부터, 파리의 사회주택』에 상세히 언급했으니 이번에는 나와 내 아이들이 생생하게 경험한 다른 나라의 교육에 대해 말하고자 한다.

나에게는 두 딸이 있다. 큰아이는 한국에서 태어나 생후 열 달 무렵 함께 프랑스로 가 유아기를 보내고 열 살이 되었을 때 다시 한국으로 돌아왔다. 둘째 딸은 내가 프랑스에서 건축학 박사 논문을 마치고 태어났으니, 프랑스 태생이다. 둘째는 태어난 지 한 달 만에 한국에 처음 왔다. 그렇게 두 아이는 몇 년간 한국에서 학교를 다녔지만 지금은 모두 다른 나라 교육 시스템 속에서 공부하고 있다.

이제 와서 이야기하지만 아이들이 한국에서 학교를 다니는 동안 온 가족이 매우 힘들었다. 외국에서 8년 가까이 살아 우리말이 서투른 첫째가 학원 한 곳 보내지 않아도 공교육 시스템에 적응하며 따라갈 수 있을 거라 생각했지만, 큰 오산이었다. 몇 년 후, 서울을 떠나 친척 한 명 없는 낯선 도시에 엄마와 단둘이 도착한 둘째가 학교 공부를 스스로 알아서 챙길 수 있을 거라 생각했지만 그 역시 헛된 바람이었다.

변명을 하자면 '남의 나라'인 프랑스에서는 내가 온전히 논문 쓰기에 집중하고 일에 매달려도 아이는 언제나 안정된 환경 속에서 즐거운 나날을 보냈다. 당시 나는 아이의 학교생활과 방과 후 일과에 관해 걱정해 본 적이 거의 없었다. 그런데 '내 나라'에 돌아오자 오히려 정반대의 상황이 전개됐고, 두 아이 역시 나 못지않게 하루하루 지치고 힘겨워했다.

친구를 따라 교회에 간 큰아이는 보라색 헌금 바구니를 보고 그 속에서 토끼가 나올 것을 기대했다. 나 역시 아이의 첫 수업 시간에 '국수사과'를 가져오란 선생님 말씀에 어떤 국수를 보내야 할지 고민했었으니, 이런 나와 아이가 한국에서 부딪힌 교육은 실로 문화 충격에 가까웠다. 그렇다고 무엇을 바꿀 수도 없었으니 그저 수동적으로 따라가는 날들이 몇 년간 이어졌다.

그러던 어느 날, 한국에서 학교에 다닌 지 2년 조금 지난 시점에 큰애가 정색하며 말했다. "엄마, 프랑스 학교에 보내줘." 결연한 말투였다. 아이는 학교에서 단체 기합을 받고, 왕따 문제가 공공연하게 일어나는 상황을 보며 크게 반감을 느꼈다고 했다. 불합리한 상황에 대한 분노는 정당했기에 우리 가족은 아이를 국내 프랑스 학교로 전학시켰다.

그렇게 큰아이는 다음 학기부터 한국 교육에서 벗어나 프랑스 교육 시스템 속에서 자랐다. 중학교 2학년이 되자 저 혼자라도 가방을 들쳐 메고 나가서 공부하겠다고 주장하더니 고등학교 입학을 반년쯤 앞두고 나와 동생과 함께 프랑스로 갔다. 그리고 내가 1년간의 연구년을 마치고 한국으로 돌아오자 프랑스에 혼자 남아 고등학교를 마치고 대학에 진학했다.

또 작은 아이는, 두어 번 연구년으로 프랑스에 데리고 있다 보니 한국 교육과는 연이 닿질 않았다. 그렇게 작은애 역시 프랑스에서 중학교 2학년을 마치고 돌아올 즈음엔 한국 학교로 돌아가기 어려운 상황이 되었다. 결국 아이들은 자의 반 타의 반으로 한국 교육 과정을 떠나 프랑스 교육의 품 안에서 커 갔다.

나는 아이들의 프랑스 학교생활을 지켜보면서 두 나라 사이의 '다름'을 여실히 체감했다. 첫 돌도 되지 않은 영아 때부터 다닌 보육원을 시작으로 초·중·고등학교와 대입까지 모두 프랑스 교육 과정을 거친 큰애를 보니 이 나라의 저력은 교육에서 비롯된 것이라는 생각도 들었다. 중학교 교과 과정부터 시작되는 독일어, 라틴어 등의 외국어 수업과 고등학교에서 시작된 전공 선택, 뒤이어 마련된 세밀한 대학 입학 제도를 통해 아이는 진로를 찾아갔고 지금은 자신이 선택한 분야의 전문가가 되기 위해 기초를 다지고 있다.

프랑스에서 초등·중등 교육 과정을 거쳐 국제 바칼로레아 과정을 밟고 있는 둘째를 통해서는 '파리 최고 학군'의 교육 환경을 접해 볼 수 있었다. 지식의 실생활 적용과 대학교 전공 학문과의 연계에 중점을 둔 교육 방향과 세부 내용에 크게 놀라기도 했다. 아이들이 경험한 프랑스 학교와 국제 바칼로레아 과정은 대입이라는 단 하나의 목표에 초점이 맞춰진 우리나라의 교육 현실과 너무나 달랐다.

나는 이 책을 통해 다른 나라의 교육이 우리와 얼마나 다른지 보여 주고자 한다. 초등학교와 중·고등학교 교육의 지향점, 대학 진학 제도 등 거창한 것부터 쉬는 시간과 선생님, 평가 체계 등 시시콜콜한 여러 에피소드를 통해 다른 나라의 아이들은 어떤 교육을 받는지 생생하게 전달해 주고 싶다.

누군가는 아니꼬운 시선으로 바라보겠지만, 앞으로 소개할 이야기를 '유학파 전문직 엄마의 배부른 자식 교육 썰'이라는 선입견을 갖고 보지 않길 바란다. 만약 한국의 교육 과정이 조금이라도 나와 아이들이 생각하고 감당할 수 있는 방식대로 흘러갔다면 두 딸은 프랑스 교육 과정과 국제 바칼로레아 과정을 찾아가지 않았을 것이다. 만일 한국 교육 시스템이 조금만 더 포용력 있고 배려를 강조했다면 이 책은 탄생하지 않았을지도 모른다.

능력 있는 부모가 만들어 주는 학업 성과나 스펙에 상관없이 아이들은 교육을 통해 자신의 역량을 펼칠 수 있는 공정한 기회를 지녀야 한다. 하지만 현재 우리 사회는 그런 모습과는 거리가 멀다. 아이들에게 더 나은, 열린 미래를 만들어 주려면 우리 교육은 어떻게 바뀌어야 할까?

두 딸이 자신들의 시시콜콜한 개인사를 책에 담아 불편해 할지도 모른다는 염려가 마음 한편에 깔려 있다. 그러나 한국 사회에서 아이들의 교육과 육아 문제로 눈물을 쏙 뺀 엄마 입장에서는 이게 가능할까 싶은 전혀 다른 교육 환경이 알려지는 게 우선이라는 생각이다. 그러면 한국 학교와 교육의 지향점 역시 조금씩 달라질지 모른다는 기대도 있다.

아이들과 나누는 대화는 언제나 즐겁다. 특히 교육을 통해 풍성해지는 이야깃거리는 재미를 넘어 유익하다. 첫째 지우를 통해 〈르 시드〉와 같은 고전부터 로랑 비네에 이르는 현대문학을 처음 접했다. 둘째 해서를 통해서는 몰리에르와 백석, 그리고 동중서를 알게 되었다. "여긴 어디, 나는 누구?"라는 유행어가 18세기 몰리에르의 희곡인 〈수전노〉의 대사라는 것도 해서 덕분에 알았다.

교육은 우리의 삶을 풍요롭게 만든다. 아이들이 자라는 과정을 옆에서 지켜보는 것만으로도 메마른 내 감성은 새롭게 싹텄고 초라했던 문화적 시야는 넓어졌다. 좋은 교육의 토양에서 아이는 초록잎 울창한 나무처럼 풍성하고 건강하게 자란다. 우리 교육의 토양에도 조금씩 양분이 더해지고 다져져 이 땅이 뒤덮일 날을 기대해 본다.

이 책은 아이들의 이야기로 가득하니, 결국 아이들 덕분에 탄생했다고 할 수 있다. 책 속 일러스트들도 아이들의 작품이니, 이 책은 나와 아이들 공동의 작품이다. 잘 자란 두 딸에게 사랑과 고마움을 전한다.

2022년 6월
최민아

1장

프랑스 의대는 빵빵이로 들어간다

4장

아이들의
학교생활

5장

프랑스 교육
VS.
IB 시스템

6장

결국
무엇을
지향하는가

프랑스 의대는 뺑뺑이로 들어간다

수능에서 한 문제 더 맞고

합격한 아이가 탈락한 아이보다

과연 더 똑똑할까?

일정 수준 이상의 아이들에게

동일한 기회를 주고 개중 대학에서

적성에 맞고 높은 학업 성취도를

거둔 아이를 선별적으로 남기는

것이 훨씬 사려 깊은 선발 방식

아닐까?

1. 마약이란 게 바로 이런 걸까

"내 아이가 영재는 아니거든."

초등학교 6학년 때부터 아이의 영재고, 과학고 입시를 준비한다며 송파에 살면서 개포동으로 학원을 보내는 어느 엄마가 나에게 말했다. 자기 딴엔 겸손이고 아이가 열심히 해야 한다는 소리겠지만, 듣는 나는 그리 유쾌하지 않다. 어찌 들으면 자랑인가 싶어 기분이 묘하다.

아이가 어릴 때부터 수학과 과학에 재능을 보여 그에 걸맞은 학원에 보냈는데 중학교 들어갈 즈음에는 잠실의 동네 학원이 애를 제대로 뒷받침해 주지 못했단다. 그래서 중학교에 입학하자마자 소위 공부 잘하는 아이들이 모여 있다는 개포동으로 원정을 보내니 한 달 사교육비 지출이 기본 300만 원으로 껑충 뛰었고, 너는 소질이 있으니 한번 해 보자는 주변의 말에 방학 특강까지 더해져 400만~500만 원을 훌쩍 삼키는, 물먹는 하마가 됐다고 했다. 아이가 학원 숙제를 종종 빼먹지만, 그래도 머리가 좋아 그나마 버틴다는 말. 그보다 더는 달콤할 수 없는 말로 학원 원장들은 부모의 기대감을 한껏 부채질한다.

"얘는 욕심나는 아이예요. 잠재력이 있어요."

경제적으로 부담된다는 엄마의 말에는 "강습료를 좀 낮춰 받더라도 제가 키워 보고 싶은 욕심이 있어요."라는 말로 유혹한다면? 이 말을 듣고 학원 선생님의 제안을 단칼에 거절할 수 있는 부모가 대한민국에 과연 몇이나 있을까?

그런데 그 비싼 돈을 주고 보낸 학원에 아이는 종종 숙제를 안 해 가고 늦는단다. 엄마는 맘이 달아 발을 동동거리고 아이와 늘 실랑이를 벌인다. 아이는 피부로 체감할 것이다. 자기 점수에 엄마가 목을 맨다는 것을. 비싼 돈 들어가는 학원을 제대로 다니지 않을 거면 가지 말라는 엄마 등쌀을 아이는 귓등으로 넘기기 일쑤다. 그렇다고 잔뜩 화가 치민 엄마는 아이가 학원을 그만두게 놔두지도 않는다.

중1 겨울 방학이 되니 사태는 한 발짝 더 심각해진다. 과학고 준비해 보자, 영재고 가능성이 있다, 늦었지만 따라잡을 수 있을 것 같다, 그러니 소그룹 특수 과외를 해 보자. 얼마나 수많은 부모가 잔인한 유혹의 말에 휘둘리면서, 지원만 잘해 주면 학원 상담 실장의 말대로 될 것 같은 미래를 그리면서, 동시에 급여 통장의 잔고를 떠올릴 것인가. 속으로 '어떻게든 있는 대로 끌어모아 3년만 뒷바라지 해 볼까?'라고 수없이 고민할 것이다.

하지만 그 엄마들은 과학고나 자사고에 들어가면 주말마다 더욱 비싼 과외와 소그룹 학원이 줄줄이 따라온다는 것을 염두에 두지 못한다. 일단 영재고 타이틀이 온 집안의 목표라는 이야기도 심심찮게 들려온다. '얼마나 소중한 내 자식인데 오늘은 쥐어짜서라도 나중에 못 해 준 거 후회하는 일은 만들지 말아야지', '공부 안 한다는 아이 의견 존중해서 놔뒀다가 결국 나중에 아이한테 원망 듣는다'라고 되뇔 것이다.

많이 배우고 좋은 위치에 있는 사람은 자신이 누리는 특권을 자식도 누리게 하기 위해, 그렇지 못한 사람은 자식이라도 자신보다 나은 미래를 그릴 수 있도록 저마다 힘닿는 데까지 모두 안간힘을 쓰고 있다.

2. 〈SKY 캐슬〉의 프랑스 버전

"쓰앵님, 우리 예서 서울의대 가야 해요!"

국내 최고 의대 교수 부인, 나중에는 가짜 이력이 탄로 나지만 모든 사람이 시드니 은행장 딸로 알고 있는 도도한 여자 한서진염정아 분은 이렇게 외치며 한 여자 앞에서 무릎을 꿇는다. 담당 학생은 무슨 수를 써서라도 기어코 서울의대에 보내는 입시 컨설턴트를 붙잡기 위해.

이 시놉시스를 프랑스에서 다시 돌려 보자. 과연 가능한 걸까? 이는 자타공인 최고의 학원 선생님이든, 하버드 의대 교수든 누구라도 달라붙어 한 아이를 의대에 보내는 교육 시스템이 존재하는가를 의미한다. 단언컨대 프랑스에서는 일말의 상상조차 할 수 없을 것이다. 드라마가 방영될 시기의 프랑스 의대는 흔히 '뺑뺑이'라고 하는 추첨 방식으로 입학 여부를 결정했기 때문이다. 그러니 오히려 천재 해커라면 모를까.

2018년, 프랑스가 20년 만에 월드컵에서 우승해 나라 전체가 환호성에 뒤덮이고 스무 살 음바페가 신성으로 떠올랐던 바로 그해, 프랑스 대입 제도가 완전히 바뀌었다. 오랜 기간 진행된 우선순위 선지원 방식에서 대학 열 군데를 무순위로 지원하는 방식으로 전환됐고, 모든 절차를 집에서 온라인 시스템을 통해 진행할 수 있도록 바뀌었다. 내가 이런 세부적인 내용까지 속속들이 아는 이유는 그해 큰아이가 프랑스에서 대학 진학을 했기 때문이다.

아이는 프랑스에서 '국립 화학·물리·생물학교ENCPB, École Nationale de Chimie, Physique et Biologie, Lycée Pierre-Gilles de Gennes'라는 명칭의 고등학교에 다녔다. 쉽게 말하면 한국의 과학고와 비슷한 성격이지만 과학고는 영재들이 가는 반면, 이곳은 과학, 수학 분야에 관심이 있고 적성에 맞는 아이들이 다닌다. 다시 말하면 영어를 비롯한 어학이나 다른 분야의 성적이 그리 높지 않더라도 이과 쪽 성적이 괜찮으면 입학할 수 있다. 학교에서는 다시 과학 분야 가운데 전공을 골라 심화 수업을 진행한다.

아이가 이공계 성향이니 대학 전공을 선택할 때 한국인 부모답게 의대에 가는 것은 어떤지 슬쩍 떠봤다. 그러나 아이는 그다지 관심이 없어 보였다. 굳이 가라면 가겠지만 아시아계 친구들 대부분이 의대 진학을 꿈꾸는데 자기까지 그 길을 가야 할 이유가 있느냐는 맹랑한 소리까지 했다. 서류라도 하나 넣어 보면 어떻겠느냐고 말이라도 한 번 더 할까 하다 세상에 재밌는 공부가 얼마나 많은데 피를 보면 호흡 곤란이 와 주저앉아 버리는 아이를 그 길로 밀어 넣는 게 맞나 싶었다. 게다가 아이가 의대에 들어간다 쳐도 경쟁이 치열한 진급 시험에 탈락하지 않고 살아남을 정도로 똑똑하고 뚝심이 있을지 미지수였다.

프랑스의 의대는 중도 탈락률이 높기로 유명하다. 예를 들어 3천 명이 입학해 첫해에 2천 명은 떨어진다. 그리고 다음해 다수가 또 유급된다. 이 상황이 몇 년간 반복되고 탈락 경쟁이 계속된다. 지금은 약간 달라졌지만, 당시에는 학생당 유급이 단 한 번밖에 인정되지 않았다.

프랑스에선 2020년에 다시 의학 분야의 교육 제도가 전면 개편되었는데 그 전까지는 의사가 되기 위해 파세스PACES 과정에 입학해야 했다. 이는 의사, 약사, 간호사, 조산사, 물리치료사 등 모든 의료 계통 종사자들이 필수로 거치는 과정으로 '건강 학위 과정 공통 1학년Première Année Commune aux Études de

Santé'의 약자다. 학생들의 선호에 따라 입학생을 받고, 매번 학년이 올라갈 때마다 다수를 탈락시키고 남은 사람들이 전공을 정하는 시스템이었다.

그런데 특이한 점은 첫 단계인 입학 과정에 있었다. 성적순이 아니라, 일정 기준을 통과한 지원자들 중에 추첨을 통해 뽑았다. 날고 긴다고 이름 날리는 영재가 아니더라도 성적 기준을 넘는 웬만한 아이들이 모두 의대에 입학할 수 있었다. 단, 추첨 운이 따라 준다면 말이다.

큰애의 고등학교 친구 중 유달리 성격이 좋고 예쁜 아이가 있었는데, 이름이 케이샤였다. 케이샤는 공부를 열심히 했지만, 성적은 항상 중위권에 머물렀다. 그런 그녀는 의사를 꿈꾸며 의대에 지원했다. 매사 운이 잘 따랐던 케이샤는 의대에 떡하니 합격했다. 케이샤 덕분에 나 역시 온라인으로 소르본 의대의 강의를 들어 보기도 했다. 학생 수가 너무 많아 한 강의실에서 수업하는 것이 불가능해 대부분의 수강생은 옆 강의실에서 영상으로, 혹은 집에서 재택 수업을 받았기 때문이다. 언제나 행운이 따르던 케이샤였지만, 1학년이 끝날 무렵 가차 없는 진급 시험에 통과하지 못했다.

프랑스도 우리나라만큼 의대의 인기가 매우 높다. 가장 똑똑한 학생들이 의사가 되기 위해 앞다퉈 몰려들어 바늘구

멍만 한 좁은 문을 통과하기 위해 경쟁한다. 그렇다면 프랑스가 이같이 의대 입학생을 추첨으로 선발했던 이유는 무엇일까?

3. 뺑뺑이가 맞는 이유

5~6년 전쯤 중앙 부처에서 장기간 파견 근무를 했던 적이 있었다. 그때 바로 옆자리에서 근무했던 동료는 S대를 나온 친구였다. 친절하고 배려심이 많았던 그 친구와 자주 이런저런 얘기를 나눴는데, 어느 날 그가 이런 말을 했다. 취직이 어려워지니 자기 대학 동기들도 공무원 시험 준비를 꽤 많이 했으며 누구는 5급, 다른 친구는 7급, 또 다른 친구는 9급 공무원이 됐다고 했다. 그러면서 '대학 동기들이니 여러모로 비슷비슷한데, 시험으로 인생이 갈리니 누가 더 똑똑하고 누가 덜 똑똑하다고 할 수 있을까'라면서 쓸쓸함을 담아 피식 웃었다.

누군가는 시험 당일 운이 따랐다거나, 문제 풀이 요령을 터득하는 쪽으로 머리가 잘 돌아갔을 수 있고, 또 누군가는 생활비를 벌어야 했기에 제대로 준비하기 어려웠을 수 있다. 하지만 우리나라 공무원 조직의 특성상 시작점이 다르다는 것은 앞길이 많이 다르게 전개된다는 걸 의미한다. 제아무리 열심히 일해 두각을 나타낸다 한들 9급 행정직으로 시작한 친구는 결코 5급 사무관보다 빨리 승진을 하거나 조직에서 능력을 인정받을 수 없는 것이 엄연한 현실이다. 또한, 한번 시작된 급여 차이는 직장을 그만둘 때까지 평생 이어질 것이고, 심지어 이직을 해도 이전 직급과 급여가 꼬리표처럼 따라다닐 것이다. 5급으로 시작한 공무원에게는 각종 혜택과 고위 공직자의 길이 보장되지만 9급으로 시작한 공무원에게 그런 기회는 상대적으로 요원하다.

이 같은 관점에서 보면 어쩌면 프랑스의 추첨에 의한 의대 선발 시스템이 좀 더 합리적일 수 있다. 수능에서 한 문제 더 맞고 합격한 학생이 탈락한 학생보다 과연 더 똑똑할까? 일정 수준 이상의 학생들에게 동일한 기회를 주고 개중 적성에 맞고 높은 성취도를 나타내는 학생을 선별적으로 남기는 것이 훨씬 사려 깊은 선발 방식 아닐까?

누군가는 단순히 멋져 보여 선택한 의대에서 공부를 하다가 본인의 적성에 맞지 않다는 것을 깨닫고, 그 분야가 싫어지기도 한다. 큰아이가 대학교에서 만난 한 친구는 의대에서 2년간 공부하고 다시 딸이 다니는 학과의 1학년으로 들어왔다. 의대를 다니던 중 같은 학년 친구가 극단적인 선택을 했는데, 주변에서 아무도 슬퍼하지 않고 오히려 경쟁자가 줄었다는 반응을 보였다는 것이다. 그 친구는 더는 그들과 함께 있고 싶지 않아 2년간의 노력을 과감히 포기하고 분야를 바꿨다.

만일 우리나라도 프랑스처럼 추첨으로 의대생을 뽑는다면 어떤 일이 벌어질까. 뽑기에 의한 선발이니 용한 점집이나 부적을 쓰는 곳으로 수험생 부모들이 몰릴 수 있다. 어쨌든 적어도 입시 학원에서 밤 새워 공부하고, 학생부 종합전형^{학종}을 준비하기 위해 명문 의대생들에게 고액 과외를 받는 방식은 없어질 수도 있다. 하긴, 우리나라에서는 뺑뺑이로 의대에 입학한다 해도 그 안에서 학생들이 좋은 성적을 위해 발버둥 치고, 또다시 의대생 전문 학원이 생기거나 과외가 성행할 가능성이 높다. 한 번도 학원의 도움 없이 살아 보지 않은 많은 아이와 부모들을 고려하면 말이다.

파리 7구의 빅토르 뒤휘 중학교

1910년대 여자아이들을 위한 학교로 문을 연 이곳. 현재는 성별 구분 없이 입학할 수 있다. 학교에는 중학교, 고등학교, 그랑 제콜 준비반이 있다. 전통적으로 귀족 주거지였던 파리 7구에 위치하고 있다. 로댕 미술관과 담 하나를 사이에 두고 있다.

학교 건물은 파리 대부분 지역과 마찬가지로 길가에 면해 일렬로 배치돼 있다. 사진 왼편 깃발이 있는 곳이 출입문이다. 교문을 열고 나오면 역사적 사연을 간직한 골목들이 펼쳐진다.

귀족들의 휴양용 별장처럼
생긴 고풍스러운 건물들이
강의실, 도서관 등으로
사용된다. 아이들은
이곳을 오가며 자율적으로
수업을 받는다.

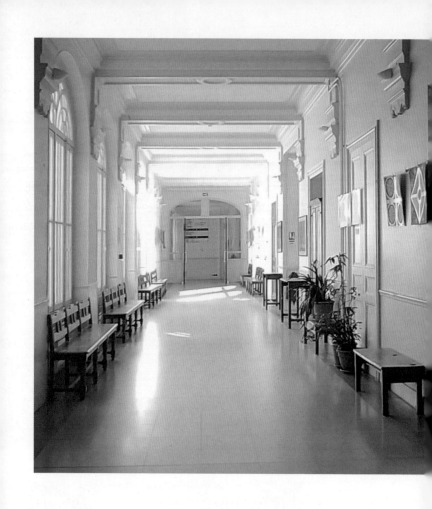

실내 공간은 고전적이면서 동시에 우아하고 세련된
분위기를 풍긴다. 볼트 모양의 간접 조명과 기둥이
멋진 분위기를 연출한다.

학교는 파리에서 보기 드물게 멋진 정원과 넓은
공간을 갖췄다. 아름다운 정원에서 아이들은 레크레
시간을 활용해 즐겁게 뛰어논다.

2장

바칼로레아는
입학이 아닌
졸업 시험

맞지 않는 공부를 하는 것은

학생과 학교,

모두에게 도움이 되지 않는다.

학생들 스스로의 길을 찾도록

돕는 것이 교육의 역할이다.

이 믿음은 프랑스 사회에

깊이 스며 있다.

1. 3, 5, 4, 3

우리의 관점에서 프랑스는 정말 독특한 나라다. '80Quatre-vingt'은 '4Quatre개의 20Vingt'이라고 표현하고, 15Quinze와 16Seize까지는 한 단어로 표기하지만, 그 이상인 17Dix-sept은 10Dix과 7Sept, 18Dix-huit은 10Dix과 8Huit처럼 두 개의 숫자를 조합해 쓴다. 교육 분야도 마찬가지다. 우리 눈에 그들의 학제는 참 이상하고 복잡해 보인다.

프랑스의 교육 시스템은 유치원 3년, 초등학교 5년, 중학교 4년, 고등학교 3년으로 이어진다. 각 학년을 부르는 명칭도 상당히 독특하다. 초등학교 1학년은 쎄페CP, 초등학교 2, 3학년은 쎄으1CE1, 쎄으2CE2, 초등학교 4, 5학년은 각각 쎄엠1CM1, 쎄엠2CM2라고 부른다. 같은 초등학교 내에서도 학년에 따라 명칭이 제각각 달라진다. 초등학교 5학년을 마치면 중학교에 입학해 4년간 공부하는데, 중1을 '6번째 학년Sixième année', 중2를 '5번째 학년Cinquième année'이라고 부른다. 학년이 올라갈수록 숫자가 하나씩 빠지는 계산법이다.

그렇다면 '첫 번째 학년'은 고3을 말할까? 그 정도로 단순하면 재미없다. 중학교 4학년에 고등학교 3학년을 더하면 전체가 일곱 학년이어야 하는데 첫 시작점을 6번째 학년으로 셈했으니 한 학년이 사라진 것이다. 도대체 어디로 갔을까? 중학교가 4년 과정이니 중학교 3학년은 '4번째 학년Quatrième année', 중학교 4학년은 '3번째 학년Troisième année'이 된다. 그리고 그와 연결되어 고등학교 첫 학년은 '2번째 학년Seconde année', 고등학교 2학년은 '첫 번째 학년Première année'이라 부른다. 그리고 정작, 고등학교 3학년은 '마지막 학년Terminal année'이라 한다.

교육 과정마다 순차적으로 1, 2, 3을 붙이는 한국의 학제나, 초등학교에 입학하는 1학년을 기점으로 매년 숫자가 하나씩 더해져 고등학교 졸업 때는 12학년으로 끝나는 미국 교육 시스템과는 딴판이다. 이렇게 복잡한 셈법을 보면 프랑스의 교육 시스템이 결코 단순하지 않고 남다를 것이라 쉽게 예상할 수 있다.

2. 3개의 바칼로레아

프랑스의 '바칼로레아Baccalaureat'는 전 세계적으로 유명하다. 잘 알려진 것처럼 바칼로레아는 나폴레옹 시대인 1808년에 마련된 제도로 200년 이상의 역사를 자랑한다. 이 명칭은 13세기 파리의 한 대학에서 학문의 첫 단계를 마쳤을 때 사용하던 어휘에서 파생되었다. 프랑스인들은 바칼로레아를 일반적으로 '박Bac'이라고 줄여 부른다. 이를 우리의 '대학 입학 시험'으로 번역하는 것은 상당한 오류다. 둘의 성격이 상당히 이질적이기 때문이다. 바칼로레아는 간단히 말하면 고등학교 졸업 자격시험에 해당한다. 이를 통과하지 못하면 고등학교 3년 내내 개근해도 교육 과정을 마쳤다는 게 인정되지 않는다. 당연히 낙제자에게는 대학 입학 자격이 주어지지 않는다.

과거 바칼로레아는 그 시험 수준이 매우 높았다. 1960년대 말까지는 합격률이 20퍼센트 정도에 머물렀다. 그러다 보니 시험을 통과하는 것만으로도 그 사람의 능력이 인정되었다. 지역 신문에 이름이 실릴 법한 자랑스러운 일이자 좋은 일자리를 보장해 주는 보증 수표였다. 나와 아주 가까운 한 수녀님은 다방면에 해박하고 교황청에서 일할 정도로 뛰어난 분이었는데, 수녀가 되기 전에는 바칼로레아를 통과하고 선생님이 돼 학생들을 가르쳤다. 그만큼 과거에는 바칼로레아 합격이 엘리트 증명서로 통용되었다.

그러나 1968년 말, 기술 분야에 대한 박Bac Technologique이 탄생하고, 1985년에 직업 분야에 대한 박Bac Professionnel이 만들어져 이전보다 더 많은 학생이 바칼로레아에 합격하게 되었다. 직업 분야 바칼로레아는 합격 이후 실생활에 활용될 수 있는 성격으로 취업과 직접 연결된다. 반면 기술 분야 바칼로레아는 전문 기술과 지식이 필요한 분야의 선행 학습 정도를 검증하는 성격으로, 이를 통과한 학생들은 전문적인 교육을 받을 수 있다.

학문적 지식 추구를 위한 대학 진학에 초점을 맞추던 바칼로레아가 젊은이들의 진로와 장래 직업으로 연결될 수 있도록 세분화되면서 합격의 의미도 변화했다. 바칼로레아 합격은 일반적인 고등 교육의 마무리 과정으로 그 의미가 확대됐다. 이후에도 프랑스 정부는 학생들의 전반적인 교육 수준

단위: 합격률/년도

— 전체
— 일반 바칼로레아
— 기술 바칼로레아
— 직업(Pro) 바칼로레아

프랑스 바칼로레아 합격률 변화
바칼로레아 합격률이 높아진
건 최근의 일이다. 20세기만
하더라도 통과하기 어려운 권위
있는 시험으로 평가받았다.

출처 : observationsociete.fr

향상에 힘썼고 2000년대 후반 60퍼센트대에 머물던 합격률
은 지금은 거의 90퍼센트까지 높아졌다.

분야별 바칼로레아 합격률은 조금씩 다르게 나온다. 학
교 측은 학업 성적이 부진하거나 대학에 진학하지 않으려는
학생을 기술학교나 직업학교로 전학 가도록 유도하는 편이
다. 대학에 진학하기 위해 치르는 일반 바칼로레아의 합격률
은 40퍼센트대에 머무르고 있다.

큰아이가 고등학교에 다녔던 때를 생각해 보면, 1학년이
끝나자 반 학생들 상당수가 전학을 갔다. 학년이 끝날 무렵,
학급위원회Conseil de Classe에서 권했기 때문이다. 이과 성향이 맞
지 않다고 판단되는 학생들에게 어문학이나 사회, 경제 등 다

른 진로를 찾을 수 있도록 분야를 재설정해 준 것이다. 적성에 맞지 않는 공부를 하는 것은 학생과 학교, 모두에게 도움이 되지 않으며 무엇보다 아이 스스로의 길을 찾도록 돕는 것이 교육의 역할이라는 믿음 때문이다.

물론 학생들이 학교의 결정에 무조건 따라야 하는 것은 아니다. 전학을 권유받았는데, 부모와 아이가 그대로 있기를 원할 경우 위원회에 재검토를 요청할 수 있다. 간혹 그런 과정을 거쳐 학교에 남는 학생도 있다. 하지만 초등학생 때부터 유급하는 경우를 심심찮게 볼 수 있는 프랑스 학교에서는 같은 학년을 두 번 다니고도 결과가 좋지 않으면 사실상 전학가야 하는 분위기가 존재한다. 그러니 부모와 학생이 학교 측 권유를 무시하고 고집대로 하지도 않는다. 그렇게 밀어붙인들, 바칼로레아 합격이 보장되는 것도 아니어서다.

3. 졸업장의 진짜 의미

'모든 길은 로마로 통한다.'라는 명언을 우리나라 교육에 대입해 보면 어떨까. 아마도 '모든 제도는 대입으로 통한다.'라고 바꿀 수 있을 것이다. 우리나라 교육은 그 시작부터 끝까지 대학 입시에 초점이 맞춰져 있다는 데 반박하는 사람은 많지 않을 것이다. 초등학교부터 시작해 중·고등학교 과정 모두가 그렇다. 각 분야별로 특화된 교육을 목적으로 하는 과학고, 외고, 자사고 입학과 학교생활도 마찬가지다. 대학 입시만을 염두에 두고, 좋은 내신 점수를 받을 수 있을지 득과 실을 따져 본 후 일종의 눈치 게임을 벌여 어느 고등학교에 갈지 결정한다. 중학교 과정도 양질의 교육으로 미래 세대를 길러 낸다는 목표는 뒷전이고 대입을 위한 수단이 되었다.

이렇게 된 가장 큰 이유는 고등학교 3년간 수업 시간 내내 엎드려 자기만 해도 졸업장을 받을 수 있어서가 아닐까.

공부를 전혀 하지 않아 모든 과목에서 30점을 받거나, 심지어 0점을 받아도 졸업에는 아무런 지장이 없다. 즉, 대학교를 갈 생각이 없거나 여건이 안 되는 아이들이나, 죽자사자 열심히 공부하는 아이들이나, 고등학교 교육 과정을 마치는 데 큰 차이가 없다. 그렇다 보니 대학 진학이 아니고서는 고등학교 과정이 그 자체로 의미를 갖지 못한다. 수업 시간에 아무것도 하지 않아도 졸업장을 받을 수 있도록, 과정을 무의미하게 만들고 결과를 거저 얻도록 설계된 현재의 시스템이 문제다.

반면 프랑스는 이와 달리 개별 학생의 학업 능력이 기준에 미달하면 고등학교를 졸업할 수 없다. 고등학교에서 자체 졸업장을 발급하지 않고 바칼로레아를 통과해야 학위 증명서 Diplôme를 준다. 중학교를 졸업할 때에도 브르베Brevet라는 시험을 친다. 다만 브르베 증명서를 받지 않아도 고등학교에 진학할 수 있다. 몇몇 고등학교는 브르베를 받지 않으면 입학 시험을 칠 자격도 주지 않지만, 이는 매우 예외적인 경우다. 중학교와 고등학교 진학까지는 국가에서 학업 수준에 관계없이 학생들에게 균등한 교육의 기회를 보장한다.

다시 말하지만 고등학교 졸업장은 냉혹한 평가를 거쳐야 얻을 수 있다. 만약 바칼로레아에 떨어졌다면? 그렇다면 학교를 바꿔 1년간 다시 공부하고 시험을 치러야 한다. 만약 잔인하게도 또다시 떨어진다면? 예전에는 추가 응시 자격을 주지 않았다. 다행히 지금은 응시 횟수의 제한은 없어졌다.

누군가는 비인간적이라고 생각하겠지만 프랑스 학교에서는 유급이 흔한 일이다. 큰애가 유치원 때부터 함께 놀고 같은 학교에 다녔던 친한 친구 한 명은 초등학교 1학년 때 유급했다. 하지만 그 사실을 전혀 부끄러워하지 않았고, 다른 친구들 역시 이상하게 받아들이지 않았다. 단지 한 번 더 확실히 배우는 시간이 필요할 뿐, 딸과 그 아이는 학년이 바뀌어도 계속 친한 친구로 남았다.

큰아이가 한국에 머물다가 프랑스의 중학교로 전학 갔을 때도 마지막 학년을 두 번째 다니는 친구가 있었다. 그 친구의 아버지는 《르몽드》 지의 기자였는데, 아이가 어느 고등학교로 가야 할지 고민하자 중학교를 1년 더 다니며 진로를

바칼로레아 증명서
시험 응시 지역, 응시 계열과 세부 전공, 유럽 내 언어 선택 과정인 '유럽 연합'이란 과정명이 쓰여 있다. 성적 등급도 함께 표기되어 있다. 학교 졸업장이 따로 없으므로 바칼로레아 증명서가 곧 고등학교 졸업장이 된다. 이 증명서는 단 한 장 발급된다.

생각해 보는 게 좋겠다고 판단했다. 그래서 그 아이는 마지막 학년을 한 번 더 다니고 있었다.

프랑스 교육은 기본적으로 아이들이 단계별 적정 수준의 지식을 습득하는 걸 목표로 한다. 그래서 졸업장은 일정 수준에 도달했다고 증명될 때만 받을 수 있다. 졸업장을 받는 과정에 자연스레 아이들의 장래와 적성에 대해 진지한 고민이 선행하는 것이다. 수업 일수만 채워 졸업장을 받는 우리나라와는 달라도 참 많이 다르다.

4. Life Change Exam?

앞서 간략히 설명했던 프랑스 바칼로레아에 대해 이제 조금 더 세밀하게 살펴보자. 바칼로레아는 첫 시험을 철학 질문으로 시작하는 것으로 유명하다. 그 덕분에 종종 프랑스 교육이 학생들에게 철학적인 사고 능력을 요구하는 것으로 해석되기도 한다.

큰애는 2018년 5월부터 6월까지 바칼로레아 시험을 봤다. 대학 지원은 그보다 이르게, 1월 말부터 3월까지 접수가 이뤄졌다. 프랑스에서는 원칙적으로 바칼로레아와 대입이 분리돼 있다. 몇몇 대학은 입학 조건으로 높은 바칼로레아 성적을 요구하기도 하지만, 일반적으로는 고등학교 성적을 바탕으로 한 원서를 먼저 접수받고, 바칼로레아 결과는 나중에 최종 입학 자격을 결정하는 참고 자료로만 쓰인다. 그도 그럴 것이 대학 입학 결과는 7월에 나오는데 바칼로레아도 그즈음에 결과가 나오고, 이후 재시험을 치는 학생도 있기 때문이다. 물론 바칼로레아를 통과하지 못하거나 기준 점수를 받지 못할 경우는 입학이 취소되지만, 바칼로레아 성적표 상의 1, 2점 차이가 대입 여부를 좌우하지 않는다.

바칼로레아는 크게 구두 시험과 필기 시험으로 나눠 치른다. 프랑스어, 영어, 외국어 등 어학과 몇몇 과목은 5월경에 구두 시험을 친다. 큰아이는 과학을 전공했기에 국가 공인 이수 학위를 받기 위해 영어로 과학 분야 구두 시험을 봤다. 그리고 6월이 되면 모든 과목의 필기 시험이 이어진다. 시험은 하루에 두 과목쯤 보고 1~2주일 동안 진행된다. 시험 결과는 7월 하순쯤 나온다. 즉, 시험이 무려 두 달에 걸쳐 치러진다.

대부분의 시험이 주관식 혹은 서술형이기 때문에 채점도 매우 오래 걸린다. 그리고 많은 교사가 시험 감독과 채점관으로 참여하기 때문에 상당수의 중·고등학교가 6월 초부터 근 한 달간 문을 닫는다. 7월에는 시험 성적이 공표되고 이의 신청이 진행된다. 아울러 피치 못할 사정으로 시험을 못 봤거나 재시험을 원하는 이들에게 재응시 기회를 준다. 이를 채점하고 시험 결과가 통보되어야 비로소 반년에 걸친 바칼로레아의 여정이 막을 내린다. 그리고 대학 입학은 이와는 별개의 과정이다.

2019년 우리나라의 수능 시험날 저녁에 우연히 BBC 뉴스를 봤다. 먼바다 건너 영국에서까지 오늘 한국에서 '인생을 바꾸는 시험Life Change Exam'이 진행됐다고 소개하고 있었다. 시험 당일, 단 한 문제 차이로 대학 당락과 인생 간판이 바뀌는 우리의 현실을 매우 잘 간파한 표현이다. 보도에서는 한국 수능이 왜 인생을 바꾸고 결정하는 시험인지 간단한 설명도 곁들였다.

그런데 그토록 중요한 시험을 단 하루 만에, 그것도 모든 과목을 한꺼번에 치른다? 한국 전쟁 때도 대학들이 부산으로 이전해 운영되었으니, 우리나라 대학의 역사는 현대사의 시곗바늘과 같다. 그런데 아직까지 단 하루 만에 치러지는 수능에 대해 온 사회가 진지하게 고민해 본 적조차 없다니 매우 놀라운 일 아닌가. 아이와 부모의 피땀 어린 12년과 앞으로의 인생이 단 하루에 결정되는 것을 당연하게 받아들이다니, 프랑스의 바칼로레아를 경험해 본 입장에서는 비합리적이라 생각할 수밖에 없다.

5. 바칼로레아 들여다보기

한국의 수능은 '떨어뜨리기' 위한 시험이다. 캠브리지 대학에서 공부하는 영국인조차 수능 영어 문제를 풀지 못하는 상황이 텔레비전 프로그램에 방송돼 화제가 된 적도 있었다. 이는 짧은 시간 안에 수많은 학생을 줄 세우려다 보니 비롯된 웃지 못할 현실이다. 이 일화는 우리나라 시험의 목적이 무엇인지 분명히 드러내 준다. 정말, 단 하루 만에 아이들이 12년 동안 쌓은 지식의 정도와 사고의 깊이를 제대로 평가할 수 있을까?

프랑스 바칼로레아 진행 과정을 다시 한 번 살펴보자. 내 아이가 수험생이라 시험 문제와 진행 과정을 더 가까이서 지켜봤던 2018년 시험을 들어 이야기해 보겠다. 프랑스에서는 학생들의 진로 선택이 고등학교에서 시작된다. 프랑스 고등학교는 일반 학교와 기술학교, 직업학교로 구분된다. 바칼로레아는 이런 구분에 따라 응시자가 보는 시험 문제가 달라진다. 아이들마다 공부한 내용과 그 학문의 성격이 천차만별이니 시험도 다른 것이 당연하다.

일반 학교 응시자의 바칼로레아 시험은 크게 문학Bac L, 경제·사회Bac ES, 과학Bac S 등 세 분야로 구분된다. 우리나라 학생들이 문과, 이과를 정하는 것과 비슷하다. 프랑스도 우리나라 학제로 치면 고등학교 1학년에서 2학년으로 올라가는 시점프랑스 학제로 두 번째 학년에서 첫 번째 학년으로 진급하는 시기에 개별 분야를 정한다. 큰아이는 과학 분야와, 세부 전공으로 엔지니어링 과학Science Engineering을 선택했다. 이렇게 고른 분야와 세부 전공은 바칼로레아 과목으로 이어진다.

2018년 바칼로레아 필기 시험은 6월 18일부터 25일까지 6일간 진행됐다. 시험 일정은 학생이 선택한 분야에 따라 달라진다.

자, 그럼 이제 바칼로레아 일정과 내용을 같이 살펴보자. 첫날은 언제나 그렇듯 그 유명한 철학 과목으로 시작했다. 철학 시험은 오전 8시부터 12시까지 네 시간 동안 이어졌다.

분야별로 문제가 다르고 그에 대한 중요도도 다르다. 큰애가 선택한 과학 분야의 철학 시험 문제는 두 가지 유형 가운데 하나를 고르는 방식이었다. 첫 번째 유형은 두 개의 주제 중 하나를 선택해 자신의 주장을 펼치는 것이었고, 두 번째 유형은 주어진 문헌에 대해 서술하는 문제였다. 과학 분야 철학 시험의 과목계수Coefficient, 중요도를 나타냄는 3점이었다. 시험 문제는 과연 무엇이었을까? 당시 문제들은 다음과 같았다.

주제 1. 욕망은 우리의 불완전성에 대한 증거인가?
주제 2. 불공정함을 겪어 보는 것은 공정함을 알기 위해 필요한가?
문헌 설명. 존 스튜어트 밀, 『논리학 체계』, 1843, 발췌.

과학 분야가 이렇다면 문학 분야를 선택한 학생들에게 주어진 문제는 무엇이었을까? 시험 유형은 분야에 상관없이 같았고, 문학 분야 학생들의 철학 과목계수는 7점이었다. 중요도와 점수 산정 영향력이 과학 분야보다 두 배 높다는 의미다.

주제 1. 문화는 우리를 보다 인간적으로 만드는가?
주제 2. 우리는 진실을 저버릴 수 있는가?
문헌 설명. 아르투어 쇼펜하우어, 『의지와 표상으로서의 세계』, 1818, 발췌.

이왕 살펴봤으니 경제·사회 분야 철학 시험 문제도 살펴보자. 이 분야에는 과목계수 4점이 적용된다. 과학보다 조금 높은 비중을 차지하지만, 문학보다는 훨씬 낮다.

주제 1. 모든 진실은 절대적인가?
주제 2. 우리는 예술에 무감각할 수 있을까?
문헌 설명. 에밀 뒤르켐, 『종교생활의 원초적 형태』, 1912, 발췌.

둘째 날인 화요일부터는 시험 일정이 다르게 진행된다. 문학이나 경제·사회를 공부한 학생은 오전에 네 시간 동안 역사 및 지리 과목 시험을 본다. 반면, 과학 분야 응시자들은 같은 과목 시험을 세 시간 동안 본다. 셋째 날인 수요일 오후에는 모든 분야 응시자들이 동일하게 세 시간 동안 본인들이 선택한 제1 언어 과목 시험을 본다. 대부분의 학생은 프랑스어 시험을 보지만 학생에 따라 스페인어, 독일어, 영어 등 다른 언어를 선택하기도 한다. 프랑스에 사는 모든 학생의 모국어가 프랑스어는 아니기 때문이다.

목요일부터는 분야에 따라 시험 과목과 응시 시간이 모두 달라신다. 과학 분야 학생은 아침 8시부터 세 시간 반 동

Le candidat traitera, au choix, l'un des trois sujets suivants.

1ᵉʳ sujet

La culture nous rend-elle plus humain ?

2ᵉᵐᵉ sujet

Peut-on renoncer à la vérité ?

3ᵉᵐᵉ sujet

Expliquer le texte suivant :

Souvent nous ne savons pas ce que nous souhaitons ou ce que nous craignons. Nous pouvons caresser un souhait pendant des années entières, sans nous l'avouer, sans même en prendre clairement conscience ; c'est que l'intellect n'en doit ... ...lation nous semble dangereuse pour notre amour-propre, ...us tenons à avoir de nous-mêmes ; mais quand ce souhait ...re joie nous apprend, non sans nous causer une certaine ...s cet événement de tous nos vœux ; tel est le cas de la ... nous héritons.
...e que nous craignons, nous ne le savons souvent pas, ... le courage d'en prendre clairement conscience. Souvent ...entièrement sur le motif véritable de notre action ou de ...qu'un hasard nous dévoile le mystère. Nous apprenons ...mépris sur le motif véritable, que nous n'osions pas nous ...ndait nullement à la bonne opinion que nous avons de ...ous abstenions d'une certaine action, pour des raisons ...vis ; mais après coup nous apprenons que la peur seule ...a tout danger disparu, nous commettons cette action.

Le monde comme volonté et comme représentation, 1818.

BACCALAUREAT GENERAL

SESSION 2018

PHILOSOPHIE série L

SUJET

Durée de l'épreuve : 4 heures   Coefficient : 7

...rine de l'auteur n'est pas requise. Il faut et il suffit que ...ar la compréhension précise du texte, du problème dont il

EPREUVE DU LUNDI 18 JUIN

Ce sujet comporte 2 pages numérotées de 1/2 à 2/2.

L'USAGE DES CALCULATRICES EST STRICTEMENT INTERDIT.

문학 분야 철학 시험 문제지

시험 문제지는 단 두 페이지다. 첫 페이지는 과목과 시험 방식에 대한 소개를 담았고, 둘째 페이지에는 문제들이 적혀 있다. 그중 한 문제를 선택해 네 시간 동안 시험을 치른다. 그 한 문제로 고등학교 내내 배운 철학 과목의 성취도가 평가된다.

출처 : youscribe.com

안 물리와 화학 시험을 보고, 반면 경제·사회 분야 응시자들은 8시부터 네 시간 동안 경제와 사회 과학 시험을 보거나 오후 1시까지 심화 경제 또는 정치 과학 시험을 치른다. 반면 문학 분야의 학생들은 오전 8시부터 10시까지 문학 시험을 본다. 프랑스어와 구분되는 별개의 문학 시험이 있다는 이야기다.

금요일 일정은 다소 빡빡했다. 과학 분야 응시자들은 오전 8시부터 낮 12시까지 수학 시험을 보고, 오후 2시부터 4시까지 제2 외국어나 지역 언어 시험을 본다. 사회·경제 분야와 문학 분야 학생의 수학 시험은 오전 8시부터 11시까지 진행됐고 오후의 언어 시험 일정은 같았다.

그것이 끝이 아니었다. 문학과 과학 분야 학생들의 시험은 주말을 넘겨 다음 주 월요일에도 계속됐다. 이날 과학 분야 학생은 오후 2시부터 5시 반 또는 6시까지 자신이 선택한 과학 과목 시험을 치렀다. 생명 과학과 지구 과학, 생태학, 인체 공학, 국토학을 선택한 학생은 오후 5시 반까지 세 시간 반 동안, 엔지니어링 과학을 선택한 학생은 오후 6시까지 네 시간 동안 시험을 봤다.

반면 문학 분야 응시자는 선택 과목에 따라 오후 2시부터 5시 반까지 예술 필기 시험을 보거나, 고대 그리스나 라틴

언어·문화 시험을 본다. 경제·사회 분야를 선택한 학생들은 이날 시험이 없었다. 이렇게 장장 한 주를 넘겨 가며 6일간 필기 시험이 진행된 후 바칼로레아는 그 장대한 막을 내렸다.

큰아이는 엔지니어링 과학을 세부 전공으로 선택했기에 수학과 엔지니어링 과학 시험지를 각각 네 시간씩 붙들고 있

	문학 분야 (Bac L)	경제·사회 분야 (Bac ES)	과학 분야 (Bac S)
월요일	철학 8~12시	철학 8~12시	철학 8~12시
	...		
목요일	문학 8~10시	경제와 사회 과학 8~12시 (심화 경제, 정치 과학 전공:13시까지)	물리–화학 8~11시 30분
금요일	수학 8~11시 제2 외국어 14~17시 지역 언어 14~17시	수학 8~11시 제2 외국어 14~16시 지역 언어 14~16시	수학 8~12시 제2 외국어 14~16시 지역 언어 14~16시
월요일	예술(필기 시험): 14~17시 30분 고대 언어·문화: 그리스 14~17시 고대 언어·문화: 라틴 14~17시		생명 과학과 지구 과학 14~17시 30분 생태학, 인체 공학, 국토학 14~17시 30분 엔지니어링 과학 14~18시

2018년 바칼로레아 시험 일정
6월 18일부터 25일까지 각종 과목 시험이 진행된다. 전공에 따라 세부 시험, 과목과 시간 등이 모두 다르다.

었다. 그 외에도 물리, 화학 과목에 대해서는 세 시간 반 동안 필기 시험을 치렀으니 무려 열한 시간 반 동안 과학, 수학 필기 시험을 본 것이다. 앞서 말했던 대로 5월 초 심사위원 앞에서 영어로 과학 과목 구두 시험도 봤으니, 아직 고등학교만 마쳤지만 과학 전공자라고 불러도 전혀 어색하지 않을 정도다.

이쯤 되니 프랑스 바칼로레아와 비교하면 짧은 시간에 여러 과목 시험을 한꺼번에 치러야 하는 우리나라의 대학수학능력시험이 지향하는 가치와 지식의 깊이, 그리고 문제를 풀기 위해 학생들에게 요구되는 사고력에 대해 의문이 드는 것은 당연하다.

6. 시험장의 시리얼과 헝겊 인형

방금 살펴본 것처럼 아주 묵직하고 길게 이어지는 바칼로레 아 시험은 실제로는 어떤 모습으로 진행될까? 바칼로레아 시 험 난이도는 아주 높다. 무려 네 시간 동안 수학, 철학, 공학, 과학 문제를 서술형으로 푼다고 생각해 보자. 우리나라와 시 험 문제 형태가 전혀 다르다는 것은 어렵지 않게 예상할 수 있다. 자신이 선택한 분야에 따라 심사위원 앞에서 구두 시험 을 보고, 세 시간 이상씩 필기 시험도 봐야 하니 요행이 통할 리 없다. 당연히 시험 준비는 차분하게 사고력을 기르는 데 집중돼 있다.

앞서 철학 시험 문제를 살펴봤으니 이번에는 프랑스어 시험을 살펴보자. 과연 세 시간 동안 어떤 문제를 풀어야 할 까? 우리나라처럼 지문에 파묻혀 문제와 초 단위로 씨름해야 할까? 놀랍게도 세 시간 동안 겨우 두 문제만 답하면 된다.

우선 네 개의 문학 작품이 주어지고 그중 마음에 드는 하나를 고른다. 작품에 대한 이해도를 평가하는 문제는 반드시 서술해야 하고, 그 다음으로 해석과 비판, 그리고 창작 중에 자신이 원하는 방식을 골라 작문하면 된다. 고등학교 내내 배운 프랑스어 과목에 대한 평가가 단 두 문제로 끝나는 것이다.

답안지의 형식은 당연히 서술형일 수밖에 없다. 단답형이나 오지선다는 존재하지 않는다. 수학도 마찬가지다. 큰애의 수학 시험지를 보고 깜짝 놀랐던 기억이 있다. 세 시간 동안 메모지보다 조금 큰, A4 용지 절반 정도의 작은 종이 한 장에 나열된 짤막한 한 줄짜리 문제 네댓 개만 풀면 된다. 변별력을 높인다는 명분 하에 이리저리 배배 꼬인 몇십 문제를 빛의 속도로 풀어야 하는 우리의 시험과는 정반대다.

이렇게 과목당 서너 시간, 기간도 길게는 일주일 이상 지속되니 시험장 풍경도 우리와는 전혀 다르다. 매우 진지하고 숨소리조차 들리지 않으며, 적막한 공기만 감돌 것 같지만 실제로는 그렇지 않다. 필요한 경우에는 시험 도중이라도 간단한 간식을 먹거나 마실 수 있고, 감독관에게 요청하면 화장실에도 갈 수 있다. 그러다 보니 우리나라에서는 선뜻 상상하기 힘든 광경도 종종 연출된다.

응시자의 기호에 따라 요플레, 비스킷 등 갖가지 간식거리가 시험장에 등장한다. 물이나 음료도 병의 상표만 떼면 얼마든지 꺼내 마실 수 있다. 딸아이의 이야기에 따르면 같은 교실에서 시험 보던 어떤 남학생은 시리얼 봉지에 우유를 부어 먹기도 했단다. '어석어석' 거리며 시리얼 씹어 먹는 소리가 고도의 집중을 요하는 응시자들의 신경을 곤두서게 할 수도 있을 텐데. 혹은 시험지에 우유를 쏟는 참사가 벌어질 수도 있는데 이런 상황이 모두 익숙한가 보다.

심지어는 별별 희한한 소품들도 모습을 드러낸다. 응시자들의 심리적 압박감을 덜어 주기 위해서다. 마음에 안정을 주는 작은 물건을 소지하고 시험을 볼 수 있도록 작은 배려를 해 준다. 하루에 몇 시간씩 일주일 내내 시험을 치르는 것은 학생들에게 분명 커다란 심리적 부담감을 줄 것이다.

프랑스에서는 어린아이들이 유치원이나 보육원에 들어갈 때부터 '두두Doudou'라고 불리는 애착 인형을 갖고 다닌다. 사춘기가 오든 말든, 어떤 아이들은 학창 시절 내내 이 인형을 곁에 두기도 한다. 바로 이 '두두'의 부피가 작을 경우 바칼로레아 시험장에 가져올 수 있다. 딸애의 한 친구는 자신이 어릴 때부터 아끼던 작은 헝겊 인형을 책상 위에 올려 놓고 시험을 봤다고 한다. 덩치 큰 남학생이 어릴 때부터 아끼던

낡고 작은, 폭신한 인형을 만지며 시험 보는 광경이라니. 자유로운 분위기가 부럽지만 우리에게는 상상하기조차 힘든 장면이다.

7. 공평함을 빙자한 책임 회피

바칼로레아는 시험 기간도 어마어마하지만, 채점에 소요되는 시간은 그보다 더하다. 모든 시험지를 사람이 일일이 직접 채점해야 하므로 한 달 가까운 시간이 걸린다. 또한 서술형 문제들이기에 채점자의 주관이 개입될 수밖에 없다.

큰애는 채점관에 있어서만큼은 운이 따르지 않았다. 아이의 시험지는 루이 르 그랑 고등학교Lycée Louis-le-Grand 선생님들이 채점을 맡았다. 전국의 수재들이 모여드는 특수 고등학교다.

일반적으로 프랑스의 학생들은 학군제 원칙에 따라 고등학교를 배정받는다. 예외가 단 두 곳 있는데 바로 앙리 4Henri 4와 루이 르 그랑 고등학교다. 이들은 지역 상관없이 전국에서 지원할 수 있다. 이 두 학교 졸업생은 프랑스 최고 명문 학교인 그랑 제콜Grandes Écoles에 매우 높은 합격률을 자랑한다. 부유층이거나 자녀 교육에 신경 쓰는 부모들은 자녀를 이 학교에 진학시키기 위해 유치원 때부터 근처로 이사 가거나, 주소를 옮기기도 한다. 이곳은 학생은 물론, 선생님의 수준도 매우 높다. 일반 고등학교에서는 전혀 다루지 않는 영역까지 배우기 때문에 눈높이와 기준 자체가 다르다.

덕분에 큰아이의 점수는 평소보다 낮게 나왔다. 우리나라에서 비슷한 상황이 벌어졌다면 이의 신청을 했을 것이고 채점자는 큰 곤혹을 치렀을 수도 있다. 하지만 프랑스에서는 시험 점수가 성적 그 이상의 의미를 갖지 않는다. 설령 바칼로레아 결과가 '아주 우수'에서 '우수'로 낮아져도, '우수'가 '약간 우수'로 더 내려간다 해도 대학 입학 여부에는 결정적인 영향을 미치지 않기 때문이다. 한국의 경우 단 한 문제 차이로 대학의 합격과 불합격이 갈리지만, 프랑스에서는 16.2점을 받아도, 15.4점을 받아도 둘 다 우수한 학생으로 바라볼뿐이다. 학교마다 입학생 선발 기준도 달라 바칼로레아 성적이 절대적인 합격의 기준점이 되지 않는다. 대학 서열을 가르기도 힘들어 학생 본인에게 꼭 맞는 전공을 찾는 것이 가장 중요하다.

그렇다고 이의 신청 사례가 아주 없는 건 아니다. 원한다면 신청을 해 점수를 다시 받을 수 있다. 만일 시험 당일 급

체를 하거나 교통사고라도 난다면, 또는 평소에는 훨씬 뛰어난 실력을 발휘하는데 하필 시험에 나온 문제만 모르는 운 없는 일이 발생한다면, 재시험이 필요한 경우도 있지 않을까?

내 친구 중 한 명은 에콜 폴리테크니크Ècole Polytechnique라는 프랑스 최고의 명문 학교에서 박사 학위를 받고 항공 연구소에서 근무하는 명석한 인재다. 의외로 그는 바칼로레아 수학 시험에서 4점을 받았다고 한다. 아무리 똑똑한 사람도 극도의 긴장감이나 건강 문제로 당일 시험을 형편없이 망칠 수 있다.

앞선 장에서 말한 것처럼 이런 경우를 대비해 7월에 재시험이 치러진다. 점수가 만족스럽지 못한 경우에는 누구라도 재시험에 응시할 수 있다. 당연히 이 역시도 채점 결과에 이의를 신청할 수 있고 재채점이 이뤄지기도 한다.

우리나라의 수능과 비교하면 바칼로레아는 심도 깊은 평가 방식이다. 아울러 학생들이 충분히 실력을 발휘할 수 있도록 최선의 제도를 꼼꼼하게 만들었음이 여실히 드러난다.

프랑스의 기준으로 보자면 우리나라 교육 제도와 시험 평가 방식은 '공평함이라는 이름으로 둘러대는 책임 회피'라고 비판할 수 있을 것이다. 우리나라에서는 다양한 상황을 감안해 주는 것이 특혜로 치부되어 수험생들에게 공정한 기회가 주어지지 못한다. 지난해 대학 입시에서 코로나-19에 감염된 몇몇 학생들은 면접을 보러 갈 수조차 없었다고 한다. 부정 행위가 우려되어 재택 화상 면접이 불가능하다는 원칙을 적용했다. 하지만 대학교 내 온라인 시스템이 갖춰진 격리 공간을 만들고 화상 면접을 보게 했다면 어땠을까. 공평의 가치를 뿌리내리게 하려면 예외적이거나 개별적인, 혹은 복잡한 상황이 허용되도록 누군가 결정을 내리고 책임을 져야 하는데, 아무도 책임지고 싶어 하지 않았기 때문일 것이다.

수능 출제 위원은 문제 출제 단계부터 시험 당일까지 격리 생활을 한다. 만약 우리나라의 수능 시험이 프랑스의 바칼로레아처럼 진행된다면 출제 위원을 비롯해 시험지를 관리하고 채점하는 모든 관련자들의 업무는 끔찍하게 복잡해질 것이 분명하다. 하지만 어릴 때부터 밤잠도 줄여 가며 달려온 수많은 아이에게 공정하게 실력을 발휘할 환경과 충분한 기회를 만들어 주는 게 더욱 중요하지 않을까. 그날 하루의 운으로 12년의 노력을 결정짓는 우리나라의 현 시스템은 공정함과는 아주 거리가 멀다.

문제 유출과 시험지 관리가 우려되어 하루 만에 수능을 치른다는 것은 빈약한 변명이다. 2021년 프랑스 바칼로레아 응시자 수는 70만 명이 약간 넘었고, 한국 수능 응시자 수는

40만 명 안팎이었다. 많은 학생 수 때문에, 혹은 진행의 편의를 위해 어쩔 수 없다는 논리는 노력 부족이라고밖에 말할 수 없다.

8. 결과에 목매지 않는 시스템

큰애의 친구 중에 영재라고 불릴 만한 프랑스인 아이가 있다. 공부 욕심이 참 많아 한 문제만 틀려도 울고불고 난리다. 시험 중압감도 엄청나게 커서 매 시험 일등을 놓칠까 전전긍긍한다. 주변 가족들에게 당연한 듯 시시때때로 엄청난 스트레스를 내뿜고 자신이 공부에만 집중할 수 있는 환경을 만들어 달라고 요구한다. 나는 그 친구를 볼 때마다 "너는 한국에서 자랐으면 좋았을 텐데…."라는 말을 자주 되뇌인다.

반면에 내 아이나 다른 친구들은 열심히 시험 준비를 하지만 그렇게까지 점수에 목매지 않는다. 학업 태도에 대한 선생님의 평가가 점수만큼이나 중요한 판단 근거이기 때문이다.

큰아이는 언어에 탁월했고 수학, 물리도 곧잘 하는 편이었다. 다만 지리는 썩 좋은 점수를 받지 못했다. 중학교 입학부터 고등학교 졸업까지 성적이 낮았다. 한국에서 서래마을에 있는 프랑스 학교를 다녔는데, 처음 지리를 배울 때부터 담당 선생님과 그다지 친하지 않았고 성적도 좋지 않았다. 자신이 가르치는 분야에 대한 전문성이 높지도 않았고 아시아인을 향한 선입견이 있었던 선생님은 큰애가 잘못된 사실 관계를 지적하자 이후 매번 아이를 감정적으로 대했다. 한번 사이가 틀어지니 선생님은 아이에게도, 성적 평가에도 그다지 호의적이지 않았다.

잠시 옆길로 세서, 아이가 프랑스로 가서 공부하겠다는 결심을 하게 된 원인 중 하나가 그 선생님이었다. 서울의 프랑스 학교는 규모가 매우 작아 한 학년이 한 반, 많아야 두 반 정도였다. 자연스레 선생님 수도 그리 많지 않았고, 그러다 보니 한 선생님이 담당 과목 중·고등학교 과정을 모두 전담해 가르치는 일이 벌어지기도 했다. 교육자 자질이 부족하거나 개인적 감정이 앞서는 선생님이 한 과목을 전담해 가르칠 경우, 한 해 성적을 망치고 끝나는 것이 아니라 학창 시절 내내 그 과목을 제대로 공부하기 힘든 구조였다. 물론 훌륭한 선생님도 많았다. 선생님 모두를 폄하하거나 일부 사례를 확대 해석하려는 건 아니다.

그렇다면 프랑스로 떠났다고 마냥 좋은 선생님만 만났

을까? 프랑스 본토에서 훨씬 더 '막강한 선생님'들을 만나기도 했다. 해마다 뱃속에 아이를 품고, 결코 휴직하지 않는 선생님 덕분에 프랑스어 과목은 2년 내내 보강과 자습이 수업의 대다수를 차지했다. 또한 물리-화학 선생님도 그에 못지않게 막강했다.

여하튼 본론으로 돌아가서, 큰아이는 내가 성적표를 보며 낮은 점수를 걱정하면 '그 과목은 내 진로에 그리 중요하지 않으니 평균만 받으면 된다'라거나 경우에 따라 '선생님 평가 부분이 중요한데 나는 평가가 좋아서 부족한 점수를 만회할 수 있으니 괜찮다'라는 자신만의 논리로 나의 지적을 매번 방어했다. 승부욕이 높지 않아서인지, 아이는 비슷한 주제가 나올 때마다 나의 말을 듣는 둥 마는 둥 했다. 프랑스에서 석·박사 과정을 밟으며 오랜 시간 공부했지만 그건 대학 졸업 이후일 뿐, 뼛속까지 한국식 교육을 받아 온 나는 그래도 점수가 안 나오는 과목의 성적을 올려야 하지 않겠느냐고 몇 번이고 핀잔을 주다가, 그냥 떨떠름하게 포기하는 단계로 접어들곤 했다.

하지만 결과적으로 아이는 컴퓨터 공학과 생명 공학, 즉 이중 학위를 취득하는 전공을 택해 자신이 원하는 대학에 진학했다. 입학 정원이 스무 명이 채 안 되는 특수 과정이었고 동기들은 대부분 1~2년 정도 의대를 다니다 들어왔다. 고등학교를 졸업하고 바로 입학한 학생은 전체 합격자 17명 중 딸과 다른 한 친구, 단 두 명뿐이었다. 모든 과목 성적이 최상위권은 아니었던 큰애가 합격한 것은 어쩌면 본인 주장처럼 전공 관련 과목들만 평가에 반영되었거나, 수업 참여도를 긍정적으로 평가해 준 선생님들 덕분일 수도 있다.

숫자로 된 결과가 그리 중요하지 않은 평가 시스템은 아이들에게 여유를 준다. 중학교 때 시험 바로 전의 어느 날이었을까. 아이가 공부는 안 하고 다른 책을 보고 있었다. 시험 준비를 해야 하지 않느냐고 묻자 한 번 훑었으니 준비는 다 끝났다고 했다. 엄마 된 입장에서 혹시라도 놓치는 게 있을까 싶어 끝까지 배운 것을 보고 확인해야 하지 않겠느냐 눈치를 줬지만 그건 어디까지나 내 생각일 뿐이었다.

당시 큰딸은 14점이나 17점이나 이미 둘 다 매우 높은 점수니 더 끌어올리려 아둥바둥 매달리기보다 그 시간과 에너지를 다른 좋아하는 일에 쏟는 것이 현명하다는 논리를 내세웠다. 본인이 그 점수면 충분하다는데 부모가 무슨 할 말이 더 있을까? 그렇게 아이는 대입을 앞둔 그 해 매주 토요일에 뮤지컬을 배우러 다녔고 시시때때로 그림도 그렸다. 영화 찍

ENCPB 고등학교

과학 교육에 중점을 둔 기관으로 대학 과정까지 프로그램이 진행된다. 파리에 흔치 않은 15층 건물 안에는 실험실이 가득하다. 이 학교에는 그랑 제콜 입학을 준비하는 학생들로 구성된 반도 있다. 햇살 좋은 날에는 건물 앞 계단에 학생들이 삼삼오오 가득 앉아 있다.

출처 : morenitabella.skyrock.com

는 과제에 푹 빠져 훌륭한 '누벨바그Nouvelle Vague' 영화 한 편을 제작하기도 했다. 물론 이는 모두 성적을 올리는 것과는 거리가 멀다.

큰애는 등수에 집착하지 않는다. 악착같은 면이 부족하지만 아이의 삶은 풍요롭다. 한국인의 피가 흐르고 한국인 부모가 키웠지만 주변의 한국 아이들과 전혀 다른 방식으로 사고하고 생활하는 것을 보니 교육 시스템이 아이들에게 얼마나 큰 영향을 미치는지 새삼 와닿는다. 어쩌면, 피보다 진한 것은 교육 환경일지도 모른다.

9. 인지대 없는 대입

큰애 친구 가운데 공부를, 특히 수학을 아주 잘하는 아이가 있다. 한국인 친구인데 이릴 때 몇 년은 스위스에서 살았었고, 서울에 있는 프랑스 학교를 졸업해 대학은 프랑스로 왔다. 프랑스의 학사 과정은 일반적으로 3년이다. 두 아이는 졸업 학년이 되자 대학원 진학을 준비하기 위해 여러 학교를 알아보았고, 그 친구는 스위스 로잔 공대 대학원을 염두에 두고 있었다.

그즈음 딸아이와 자주 대학원에 관한 이야기를 나눴는데 어느 날 아이가 격양된 목소리로 말했다.

"엄마, 세상에 대학원에 원서를 내려는데 돈을 내라네! 완전 도둑들이야, 학생을 상대로 돈을 뜯어가다니!"

우리나라는 물론이거니와 대부분의 나라에서 당연한 일인데 프랑스에서 자란 아이에게는 엄청 충격적이었나 보다. 아이는 부당하다고 이야기했다. 나는 이렇게 답했다.

"서류를 검토하고 처리하려면 인력과 자원이 필요하니까 당연히 비용을 받아야지. 그게 당연한 건데 프랑스가 워낙 교육 시스템이 좋아 안 받는 것뿐이야."

그러고 보니 예전 생각이 난다. 내가 유학생이고 큰딸이 초등학생이던 때, 학기 시작 전이면 아이의 학용품 구매 수당을 지급받았다. 이는 저소득층에게만 주는 혜택이 아니라 전 국민에 해당했다. 프랑스는 고등학교까지 무상 교육이 원칙이다.

어떻게 이런 일이 가능했을까? 실제로 이러한 원칙이 지켜지는지 꼼꼼히 살펴보자. 어느 해나 학기 초가 되면 부모는 아이들에게 색연필, 공책, 볼펜, 가위 등을 사 줘야 한다. 그리고 아이가 커 가며 때때로 가방도 바꿔 줘야 한다. 당연히 수업료 외 비용이 들 수밖에 없다. 프랑스 부모들은 이런 상황에 대해 무상 교육이 '전혀' 이뤄지지 않는다고 항상 불평했다. 그 덕에 꽤 오래전부터 프랑스 정부는 매년 학기 초마다 부모들에게 학용품 구매 비용을 지급하고 있다.

연필 한 자루까지 지원받는 이런 사회에서 자란 아이에게 학교에서 수업을 받는 것도 아니고 단지 원서를 제출하는 데 돈을 내라는 요구가 불합리한 일로 느껴졌나 보다.

입시철이 되면 한국의 대학들이 원서대로 한몫 잡는다는 것은 모두가 알고 있는 사실이다. 경제적 여유가 없는 수험생 가족은 비싼 원서대를 지불하기 위해 고뇌에 빠질 수밖에 없다. 정말 소수이긴 하겠지만, 누군가는 비용이 부족해 여러 학교에 지원조차 못하는 경우도 있을 것이다. 어차피 다니게 될 대학은 한 곳인데 정말 아깝다.

돈 문제가 나왔으니 프랑스에서 아이들 교육비로 지출하는 비용을 언급해 보겠다. 큰아이는 대학교나 대학원에 지원할 때 한 푼도 내지 않았다. 인지대 같은 것은 애당초 존재하지 않는다. 간혹 프랑스 대학의 등록금이 무료인 줄 아는 사람들도 있지만, 프랑스 대학도 학비를 내긴 낸다. 2000년대 초반에 공부한 나와 남편도 한 해에 각각 200유로한화 약 30만 원 남짓을 학비로 썼다.

큰애는 앞서 말한 것처럼 전공 두 개를 동시에 이수해 학비도 두 배로 냈다. 과연 얼마였을까? 마지막 학년 학비를 보면 전공 하나당 170유로가량, 전공 두 개에 대해 약 50만

원의 비용을 낸 셈이다. 맞벌이라고는 하나 경제적으로 그리 탄탄하지 않고 아이가 둘인 우리 부부가 아이를 프랑스에 유학시킬 수 있었던 데에는 저렴한 학비가 큰 역할을 했다.

집이 지방인 학생이 서울에서 원룸을 얻고 대학 등록금을 내면 한 해에 드는 총 비용이 프랑스 유학비와 크게 다르지 않을 것이다. 프랑스에서 국립대의 경우 학비 대부분을 국가에서 부담하니 학생들이 아르바이트를 해 얻은 수입은 온전히 자신의 생활비로 쓸 수 있다. 학자금 대출로 빚에 짓눌리는 한국 젊은이들과 달리 유럽 청년들이 일찍이 부모로부터 독립해 스스로의 삶을 꾸릴 수 있는 이유는 이처럼 등록금 부담이 거의 없는 것도 한몫할 것이다.

3장

무엇이
얼마나
다를까?

역설적이게도 모든 교과서에

우정과 배려를 강조하는

우리나라는 시험 방식이

'경쟁'에 기반을 둔 상대 평가다.

나보다 점수가 높은 친구를

경쟁자로 인식할 수밖에 없는

환경에서 언제까지 우정과 배려,

정직함과 같은 동화 속 이야기를

반복하는 걸까.

1. 당신 정말 교장 선생님 맞나요?

프랑스와 한국, 두 나라 교육의 차이점은 대학뿐만 아니라 초등학교에서도 느낄 수 있다. 아이와 함께 등교하다 보면 매우 다른 일상이 피부로 느껴진다. 특히 가장 큰 차이점은 교장 선생님과의 관계다.

프랑스에서는 교장 선생님을 만날 기회가 많았다. 아이가 어릴수록 특히 더 그랬다. 보호자가 초등학생 자녀를 등하교시키는 것이 의무였기에 매일 아이를 데려다 주곤 했다. 그때마다 아침저녁으로 패션 감각이 탁월한, 중년의 교장 선생님을 만날 수 있었다. 그녀는 매일 등하교 시간마다 교문 앞에서 아이와 부모들을 반겼다.

"좋은 아침입니다."

짧은 인사말과 함께 아이와 학부모는 전날 학급에서 있었던 일, 쉬는 시간에 뛰어놀다 생긴 일, 집안 분위기의 변화 같은 소소한 일들을 교장 선생님에게 털어놓는다. 그게 일상이다. 오전 8시 30분에 정문을 닫는 것도 주로 교장 선생님이 하는 일이다. 아침잠 많은 엄마 탓에 지각하기 일쑤였던 내 딸은 뛰어 들어가며 교장 선생님과 인사하는 게 일과였다. 교장 선생님은 학부모를 비롯한 동네 사람들 모두와 두루두루 친하게 지냈다. 세심하게 학생 한 명 한 명 보살피고 방향을 제시하는 게 그녀의 역할이었다.

온 가족이 한국으로 돌아왔다가 다시 프랑스로 가게 돼 아이들을 프랑스 학교에 입학시킬 때, 여러 학교 교장 선생님들을 만날 기회가 있었다. 2015년, 중학교 마지막 학년이었던 큰아이는 이미 고등학교 진학을 준비하고 있었는데 학년 중간으로 들어가면 자칫 고등학교 원서 접수가 어려워질 수 있었다. 설상가상 대부분 학교의 정원이 꽉 찬 상태였다. 그래도 천만다행으로 파리 교육청을 통해 어렵사리 한 학교를 찾을 수 있었다.

아이의 입학을 결정하고 제일 처음 한 일은 교장 선생님과의 면담이었다. 한국에서의 학업 과정과 아이의 적성, 프랑스에 온 이유에 대해 이야기했다. 당시 이미 입시철이었고,

(위) 파리 13구의 즈네 초등학교(École élémentaire
Publique Jenner)

프랑스에서 초등학생들은 보호자와 함께 등하교해야 한다.
교장 선생님은 교문 앞에서 학부모와 인사를 나누고 아이들을
세심하게 챙겨 주곤 한다.

(아래) 학교 출입문 바로 옆의 벽

1942~1944년 당시 유대인이라는 이유로 나치와 비쉬
정권의 적극적 협력에 의해 학살당한 학생들을 기리는
명판이 붙어 있다. 파리 13구에서만 120명 이상의 아이들이
포로수용소에서 목숨을 잃었다는 사실과, 아울러 그들을
절대로 잊지 않겠다는 다짐이 적혀 있다.

아이 성적도 그리 나쁘지 않아 루이 르 그랑과 앙리4 고등학교 지원에 관해서도 상담했다. 앞서 설명했지만 두 학교는 프랑스 모든 학생에게 선망의 대상으로 꼽힌다. 교장 선생님은 입학 경쟁이 너무나 치열해서 아이 정서에 좋지 않을 수 있고, 입학 후 힘들어하는 경우도 많이 봤다면서 조용한 성격인 우리 아이에게는 권하고 싶지 않다고 했다.

당시 초등학교 1학년을 마치고 프랑스로 간 작은애의 전학 문제도 교장 선생님이 처리해 주었다. 집 근처인 파리 5구에는 프랑스어가 서투른 외국 학생들을 위한 특수 학급을 갖춘 학교가 없었다. 넉넉잡아 20분 정도 버스를 타고 가야 있는 큰 학교를 다녀야만 했다. 여차저차 그렇게 찾아간 학교에서는 교장 선생님이 직접 아이와 나를 맞았다. 교장 선생님은 친절하고 상냥했다. 아이에 대해 세심하게 물으며 바로 그 자리에서 교육청과 시청에 직접 팩스를 보내 입학 행정 처리를 진행했다. 입학 수속을 마친 후에는 학교 이곳저곳을 구석구석 소개해 주었다.

한번은 아이 급식비 지불 수표에 서명을 잊고 그대로 보낸 적이 있었다. 수업이 끝날 무렵 아이를 데리러 학교 앞에 가자 교장 선생님이 나를 찾아와 수표에 사인이 안 됐다며 웃으며 직접 건넸다.

같은 해 가을, 작은아이가 프랑스어를 익혀 드디어 집 근처의 빅토르 쿠쟁Victor Cousin이라는 학교로 옮기게 되었다. 이때 만났던 교장 선생님도 매우 인상적이었다. 체격이 꽤 있는 중년 남성으로 겉모습만 보면 동네 목수 아저씨 같았다. 작업 중인 페인트공이 아닌가 착각이 들 정도로 늘 소탈한 옷차림새에, 대화에서 사용하는 표현도 격의 없이 편했다. 그는 매일 아침 교문 앞에서 학부모와 만나 학생들에게 필요한 것이 무엇인지 얘기를 나눴다.

학기 초마다 열리는 학부모 전체 모임에서는 교장 선생님이 전반적인 행사를 진행하고 여러 사항에 대해 진지하게 목소리를 높였다. 특히 식당 문제로 핏대를 높였던 게 기억에 남는다. 당시 작은아이의 학교에는 전용 식당이 없어 바로 옆의 직업 고등학교와 공간을 같이 사용했는데, 늘 자리가 부족해 아이들이 20분 만에 밥을 먹고 일어나야 했다.

"명색이 파리 중심 5구에 있는 학교인데 시설이 이것밖에 안 된다니요!"

교장 선생님은 흥분했고, 학생들이 보다 편안하게 생활할 수 있도록 어떻게든 지원을 받아 내 시설을 확충하겠다고 열의를 보였다.

아이가 아파서 전날 학교에 빠졌거나, 수업시간에 어려움이 있거나, 수업 후 진행되는 활동 등 궁금한 점이 있으면 굳이 담임 선생님을 찾아가지 않고 교장 선생님께 여쭤볼 수 있다. 교장 선생님은 그 자리에서 바로 답을 주고, 불편한 점은 개선해 주기도 한다. 그래서 아주 가깝게 느껴진다.

프랑스에서 여러 학교를 드나들었지만 교장 선생님 대신 비서가 종이를 받아 팩스를 보내거나 업무를 처리하는 경우는 본 적도, 들은 적도 없다. 대부분의 경우 교장 선생님이 학부모와 대화 자리도 직접 마련하고 진행한다. 이처럼 프랑스 학교 일선에서 학부모들과 교류하는 이는 바로 교장 선생님이다. 근엄한 모습과는 거리가 먼, 가장 많이 땀 흘리는 일꾼이다.

큰아이는 2년 반, 작은아이는 3년 반 동안 한국에서 학교를 다녔는데 그 긴 시간 동안 교장 선생님과 직접 이야기를 나눈 적은 단 한 번밖에 없었다. 당시 우리 가족은 프랑스에서 한국으로 막 돌아와 큰애를 귀국 학생들이 모인 학교로 입학시켜야 하나 고민하고 있었다. 물론 이때 만난 교장 선생님은 자애롭고 학교의 발전을 생각하는 훌륭한 교육자였다. 그러나 그 이후 교장 선생님을 만나 아이의 학교생활이나 방과 후 일과에 관해 이야기를 나눌 기회는 전혀 없었다. 학교의 규모가 크고 학생 수가 많은 탓인지, 한국의 교장 선생님은 너무나도 멀고 높은 곳에 있었다.

2. 국어는 도덕이 아니기에…

큰딸은 한국에서 일반 학교를 꼬박 두 해 넘게 다녔다. 생후 10개월에 프랑스에 간 아이는 열 살이 되면서 한국에 돌아왔고 서울 종로구에 있는 한 초등학교의 3학년 귀국 학생반에 들어갔다. 한국말 자체도 어설펐고, 부산이 음식 이름인지 도시 이름인지도 모르는 상황이라 또래들이 받는 일반적인 수업을 따라가기 어려워 내린 결정이었다.

1년 동안은 공부에 대한 부담도 크지 않았고, 한국어나 한국 문화가 낯선 또래들과 함께 있어 큰 문제가 없었다. 그러나 일반 학급으로 옮긴 4학년부터는 학교생활을 어려워하기 시작했다. 표현이 어설픈 아이는 짓궂은 친구들의 놀림을 받아 자주 눈물을 보였다. 학교생활도 생소한데 빠른 수업 진도를 따라가는 것은 더 힘들었다.

그래도 책 읽는 건 좋아해서 국어 교과서에 나오는 이야기는 곧잘 읽었는데, 어느 날 아이가 말했다.

"한국은 국어책과 도덕책이 같아."

듣고 보니 맞는 말이었다. 생각해 보면 프랑스에서는 프랑스어와 도덕 시간에 다루는 교과서의 내용이 전혀 달랐다. 프랑스 교과서에는 착하게 살아라, 친구와 사이좋게 지내야 한다 등의 교훈을 담은 문학 작품은 그리 많지 않다. 또한 프랑스어에는 위인전이라는 표현 자체가 없다. 훌륭한 사람을 닮으라는 이야기도 당연히 존재할 리 없다.

아이가 프랑스 학교에 다닐 때 프랑스어 교과서에 소개된 시가 있었다. 우연히 이 시를 읽고 반한 나는 지금도 가끔 혼자 읊조리곤 한다.

다음 페이지에 나오는 〈고양이와 새〉라는 시인데, 아이들을 위한 시로는 내용이 너무 잔인할까? 하지만 책에 실린 서정적이고 아름다운 삽화와 시의 내용을 따라가며 그려지는 이미지, 마을 사람들의 슬픔과 서사의 전개, 고양이의 천진난만하면서도 발칙한 태도, 그리고 마지막 반전까지. 서정성 질은 시를 재치 넘치는 표현으로 마무리한다. 내가 느끼는 이 묘한 쾌감을 아이들도 비슷하게 느낄 것이다. 오히려 이런 시가 아이들의 창의성을 기르고 문학의 매력을 알려 주는 데 딱 알맞지 않을까?

〈고양이와 새 Le chat et l'oiseau〉

한 마을에 가슴 아픈 노래가 울리네

다쳐 버린 새를 위한 노래

그 마을에서 유일한 새에게

그 마을에서 유일한 고양이가 나타나네

그 마을의 유일한 새를

그 마을의 유일한 고양이가 반쯤 삼켜 버렸네

새는 노래를 멈추었고

고양이는 갸르릉거리기를 멈추었네

마을은 새를 위한 멋진 장례식을 마련했지

초대받은 고양이는

짚으로 된 관의 뒤를 따라 걸었네

죽은 새가 누워 있는 관 뒤를

눈물을 흘리는 작은 소녀가 그 관을 들고 걸었네

"만일 이 일이 네게 그렇게 큰 고통을 줄지 알았더라면,"

고양이가 소녀에게 말했네

"차라리 새를 완전히 다 먹어 치우고

너에게 새가 날아가는 것을 봤다고

너무 멀리멀리 세상 끝까지 날아가

절대로 다시 돌아올 수 없다고 말했을 텐데

그렇다면 너는 덜 괴로워하고

단지 슬퍼하고 안타까워했을 텐데."

절대로 일을 반만 해서는 안 돼

–자크 프레베르Jacques Prévert

　　큰딸은 중·고등학교를 거치며 많은 문학 작품을 읽었고 가끔 그에 대한 이야기를 하곤 했다. 그중 기억에 남는 또 다른 작품이 있다. 〈주먹 안의 독사Vipère au poing〉라는 작품으로 1948년에 발표된 에르베 바쟁Hervé Bazin의 자전적 소설이다. 이 소설의 주인공은 매정한 엄마와 아이들이다. 자녀에 대한 애정이 전혀 없는 엄마와 아이들 사이에 벌어진 일을 다룬다.

　　주인공은 아이들을 맡아 키우던 남편의 시부모님이 사망하자 성으로 돌아와 직접 아이들을 돌보게 된다. 기차역에서 오랜만에 아이들을 만났지만, 보자마자 밀쳐 버릴 정도로 애정이 없다. 그녀는 매일같이 아이들을 학대한다. 엄격하게 제한된 생활과 시시때때로 폭력에 시달리던 아이들은 결국 엄마를 향해 복수의 칼날을 간다. 상하이에서 대학 교수로 일하는 아빠는 매번 무관심하게 상황을 방관한다. 분노에 찬 아이들은 대놓고 엄마를 '미친 돼지Folcoche'라고 부른다.

엄마는 건강 관리와 청소를 핑계로 아이들의 머리카락을 밀어 버리고, 안전을 핑계로 방에서 난로를 치운다. 새 양말을 사 주는 것조차 아까워 양말이 닳지 않게 겨울에는 밀집을 쑤셔 넣은 나막신을 신게 한다. 식사도 부실하기 짝이 없다. 아침에는 커피를 주지 않고 저녁에만 내주고, 식사시간에는 포크로 아이들을 쿡쿡 찌른다. 당연히 아이들의 자유시간은 허용되지 않고 개인 물건까지 모두 압수당한다. 때리고 폭언을 가하는 것은 흔한 일이다.

아이들은 살아남기 위해 먹을 것을 훔쳐 숨기고, '미친 돼지에게 복수를'이라는 문구를 집안 이곳저곳에 새긴다. 자신들을 굶기고 괴롭히기만 하는 엄마가 병에 걸리자 죽기를 바란다. 그러다 엄마가 멀쩡히 건강을 회복하자 급기야 독살을 시도하기도 한다. 독살이 실패하자 수영을 못하는 엄마를 물에 빠뜨려 죽이려 한다. 이를 눈치챈 엄마가 자신이 가장 미워하는 아이인 쟝에게 절도죄를 뒤집어씌워 교화원에 집어

넣으려 하지만, 아이들은 이를 미리 알아채 상황을 모면한다.

상상하기도 힘든 온갖 패륜을 이 한 작품에서 모두 만나볼 수 있다. 입에 담기도 불편할 정도의 충격적인 서사지만 이 작품은 프랑스에서 매우 유명하고 널리 읽힌다. 청소년 대부분이 필독서로 이 소설을 읽는다. 실화라서 더욱 충격적인 이 소설은 내용만 본다면 흥미진진 그 자체다. 사건의 전개마다 예측 못할 내용이 툭 튀어나와 독자를 사로잡는다. 이에 더해 인간의 본성과 실체, 가족들의 실제 모습에 대해 다양한 생각과 관점을 제시한다.

친구와 사이좋게 지내야 한다, 예절 바른 아이가 되어야 한다, 정직하고 성실해야 한다, 부모님 말씀을 잘 들어야 한다, 남을 도와야 한다 등 천편일률적인 도덕적 잣대를 강조하는 우리나라 교과서와는 거리가 멀다. 역설적이게도 모든 교과서에서 우정과 배려 등을 강조하는 우리나라의 시험 방식은 타인과의 '경쟁'에 기반한 상대 평가다. 나보다 점수가 높은 친구를 경쟁자로 인식할 수밖에 없는 환경에서 언제까지 우정과 배려, 정직함과 같은 동화 속 이야기를 반복하는 걸까. 국어책에서라도 교훈적 메시지를 반복하면 효과가 있을 것이라 믿는 걸까?

작은애가 중학교 1학년 때 배운 프랑스어 교과서에는 『걸리버 여행기』의 일부가 발췌되어 실려 있었다. 어느 부분이 소개되었을까? 바로 '커다란 부분파Gros-boutiens와 작은 부분파Petit-boutiens'의 이야기다.

짧게 설명하면 두 나라는 삶은 달걀 때문에 수십 년째 전쟁을 계속하고 있었다. 한 무리의 사람들은 삶은 달걀을 먹을 때 크고 둥근 부분부터, 다른 무리는 작고 뾰족한 부분부터 껍데기를 벗겨야 한다고 주장하다 서로 전쟁까지 벌이게 됐다는 것이다. 이를 읽는 아이들은 세상에 존재하는 비합리적인 상황과 인간의 어리석음, 전쟁의 무모함을 배우게 된다. 꼭 아름다운 이야기뿐만 아니라, 세상에 대한 신랄한 비판과 풍자까지 수업 시간에 접하는 것이다.

프랑스의 시험은 절대 평가로 진행돼 설령 친구가 나보다 높은 점수를 받는다 해도 서로의 성적에 영향을 끼치지 않는다. 반면, 우리나라의 경우 기본적으로 상대 평가이기 때문에 내 점수만큼이나 다른 친구의 점수가 중요하다. 세상이 아름답고 협력이 꼭 필요하다는 교과서의 내용을 아이들이 받아들이게 하려면, 먼저 성적 평가 방식에 변화를 줘야 하지 않을까.

3. 어디까지가 공교육일까

프랑스에서 7년 반을 살다 온 큰아이는 그 기간 내내 파리 근교 누와지 르 그랑Noisy-le-Grand이라는 도시에서 살았다. 파리의 동쪽에 있는 신도시로 대규모로 개발된 현대식 업무 시설과 상업 시설, 개발 이전부터 형성된 유서 깊은 지역이 함께 어우러져 있다. 몇몇 지구에는 마른Marne강이 흐르고 곳곳에 녹지가 많아 전원 풍광이 펼쳐지는 곳이다.

아이는 이곳에서 보육원을 다녔고, 세 살이 되자 유치원에 들어갔다. 프랑스에서 유치원은 의무 교육에 속하는데, 다른 측면에서도 큰 의미가 있다. 세 살이 되면 아이들은 음악, 무용, 체육과 같은 예체능 수업도 받을 수 있기 때문이다.

프랑스 아이들은 어디서 예체능 교육을 받을까? 콩세르바투와르Conservatoire라 불리는, 우리말로 '예술원'에 해당하는 기관이 있는데 이이들은 이곳에서 음악과 무용을 배운다. 물론 원하는 경우 개인 수업, 이른바 사교육도 얼마든지 받을 수 있다. 큰애는 누와지 르 그랑의 콩세르바투와르에서 5년 간 음악과 무용을 배웠다. 콩세르바투와르는 시에서 운영하기 때문에 선생님들의 자질도 뛰어나고 입학 절차도 나름 까다롭다.

아이는 꼬마 때부터 음악을 배웠다. 그렇다면 프랑스 아이들은 콩세르바투와르에 입학하자마자 바로 악기 다루는 법을 배울까? 전혀 그렇지 않다. 먼저, 음악의 기본인 리듬과 음감을 익히고 여러 악기를 접해 보는 '입문 과정'을 거친다. 2년 정도 이 과정을 거치고 나면 다음으로 악보를 읽고 쓰고 청음하는 법을 배운다. '솔페쥬 Solfège'라고 하는 이 과정이 1년 동안 진행된다. 이렇게 긴 시간이 지나고 비로소 악기를 본격적으로 다루기 시작한다. 큰아이 역시 이 모든 과정을 거친 후 바이올린을 배웠다. 피아노는 비싸기도 하고 부피도 큰데 우리 가족은 한국으로 돌아갈 예정이었기에 따로 장만하기 어려웠다. 그래서 휴대하기도 쉽고 소리도 섬세한, 아이의 성격과도 닮은 바이올린을 배우기로 했다.

아이의 바이올린 선생님 이름은 나딘이었다. 그는 파리 콩세르바투와르에서 공부한 재원으로, 연주 실력도 근사하고 음악에 대한 자세와 열정도 남달랐다. 음대 입시를 준비하는 학생들을 지도할 정도의 실력자였다. 콩세르바투와르에서는 큰애와 같은 초보자도 나딘에게 30분 동안 개인 수업을 받을 수 있었다. 나딘 덕분에 아이는 바이올린을 매우 좋아하고 즐기게 되었다. 특히 크리스마스 연주회가 기억에 남는다. 나딘의 수업을 들은 학생들이 모두 모여 합주를 하고 마지막에는 그의 탱고 독주 무대가 펼쳐졌는데, 정말 근사했다.

나딘에게 2년 반을 배우고 한국에 돌아온 후에도 아이는 바이올린을 계속 배우고 싶어 했다. 하지만 한국에 돌아온 직후에는 경제적으로 여유가 없어 아이를 개인 레슨 전문 학원에 보내기 부담스러웠다. 결국, 학교 방과 후 수업과 동네 문화센터를 활용했다. 그러나 이곳에서는 스무 명 가까운 아이들이 한 반으로 편성되어 제대로 된 수업이 불가능했다. 수강생들이 혼자 알아서 연습하고 강사는 돌아가며 겨우 5분 남짓 아이들을 봐주는 게 다였다. 프랑스에서는 그렇게나 바이올린을 좋아하던 아이였는데, 한국에서는 딱히 연주 실력이 늘지 않았다.

'싼 게 비지떡'이라는 표현은 맞는 말이다. 과연 어느 강사가 한 시간도 채 안 되는 시간에 스무 명 남짓한 아이들을 단체로 가르치면서 한 명 한 명 진도를 파악하고 미흡한 부분을 구체적으로 지도힐 수 있을까? 가르치는 사람의 열정을 떠나 환경 자체가 너무 열악했다.

한국인 유학생을 부모로 둔 우리 아이가 선생님에게 30분씩 단독 지도를 받을 수 있었던 것은 교육비 지원 제도 덕분이었다. 프랑스에서는 소득이 낮을 경우에 국공립 기관의 수업료 역시 적게 내도록 제도가 갖춰져 있다. 큰아이가 다녔던 곳은 앞서 말했듯이 시립 콩세르바투와르였다. 시의 재정으로 운영되는 곳이니 경제적으로 여유가 없는 아이들도 수준 높은 예체능 교육을 받을 수 있다.

우리나라의 방과 후 교육 시스템과 담당 선생님을 폄하하는 것은 절대 아니다. 열정 있고 훌륭한 선생님이 참 많다는 것도 여러 번 느꼈다. 하지만 스무 명의 아이들이 한 곳에 뒤엉켜 받는 수업과 30분씩 진행되는 개인 지도의 효과는 분명 다를 수밖에 없다.

교육의 목표가 전인 교육이라면 수준 높은 예체능 교육도 공교육의 테두리 안에 반드시 들어가야 한다. 부모의 소득수준이 절대적인 영향을 끼치지 않고, 전문적인 예체능 교육 기관에서 아이가 선생님에게 일대일로 집중적인 교육을 받을 수 있게 하는 시스템이 천천히 조금씩이라도 마련되어야 하지 않을까?

4. 공개 수업의 묘한 광경

어느 나라나 공개 수업은 학생에게도, 선생님에게도, 학부모에게도 매우 중요하며 기대감을 잔뜩 품게 만든다. 나는 아이가 둘이니 이곳저곳, 이 나라 저 나라의 수업을 참관할 기회가 많았다. 그중 작은애가 초등학교 3학년 때 진행된 공개 수업이 내게 '문화 충격'으로 다가와 뇌리에 박혀 있다.

아이는 그 직전 해에 나와 함께 파리에서 학교를 다녔다. 그러다 한국 학교로 돌아온 지 불과 한 달 정도 지났을 때, 공개 수업이 열렸다. 엄마 아빠가 참관해서인지 아이들은 너도나도 신이 나 앞다퉈 손을 들고 발표를 했다. 그런데 아이들이 말하는 방식이 매우 놀라웠다.

"저~는 다음과 같은 이유에서, 이렇게 생각합니다."
"저~는 그 의견에 찬성합니다. 그리고 다음과 같이 의견을 보완하고자 합니다."

그 다음 아이까지 다들 똑같이 손을 뒤로 모으고 서서, 한 명이 말한 것처럼 일정한 표현법과 발성으로 너무나 예의 바르고 품위 넘치게 대답했다. 희한하게도 찍어낸 듯 똑같은 형식으로 자신의 의견을 드러냈다. TV 토론에 나가도 될 정도였다.

전문가들이 참여하는 회의나 심의에서 듣는 말투를 아이들이 사용하니 신기할 따름이었다. 대부분의 아이가 똑 부러지게 말했는데 그중 누가 봐도 다년간 야무지게 웅변 대회를 휩쓸었을 것 같은 여자아이가 있었다. 입안으로 웅얼웅얼 이야기하는 우리 작은아이와는 너무나 대조가 됐고 인상적이었다.

몇 주 후 담임 선생님과 면담을 할 기회가 생겨 물어보았다.

"도대체 아이들이 어쩜 그렇게 또랑또랑 발표를 잘할까요. 특히 그 아이는요? 요즘 아이들도 웅변 학원을 다니나요?"

선생님이 웃는다.

"아뇨, 다들 그 정도는 해요. 그 아이는 특별히 더 잘하는 거고요."

헉. 내게는 너무 익숙하지 않은 모습이라 놀라울 따름이었다. 익숙한 프랑스 학교의 모습이 머릿속에 오버랩된다.

프랑스 초등학교의 발표 모습은 주로 이렇다. 일단 반 아이들 대부분이 손가락을 든다. 주로 두 번째 손가락이다. 선생님이 한 명을 가리킨다. 그러면 그 아이는 일어나지도 않고, 삐딱하게 앉아 다리를 흔들거리면서 이렇게 말한다.

"음, 그러니까 내 생각은… 그게, 아 뭐였지, 생각이 잘 안 나는데, 그러니까 좀 도와줘요."

그러면 선생님은 힌트를 던져 준다. 한 번 줘도 모르면 또 준다. 그러다 보면 아이는 답을 찾는다. 한국의 공개 수업과 비교하면 엉망진창, 아수라장이다. 그러나 아이들은 아주 편안해 보인다. 자기 동생이나 친구와 있을 때 말하는 태도와 말투가 그대로 묻어 나온다. 아이들은 저마다 다른 말투, 다

빅토르 뒤휘 중학교 공개 수업

프랑스 중학교의 공개 수업에서 아이들은 자신이 수업 시간에 만들거나 공부한 것을 학부모와 친구에게 자유롭게 설명한다.

른 방식으로 말한다.

이런 환경이 익숙한 작은애가 예절 바르고 잘 짜인 형식에 맞춰 묻고 답하는 전문 토론가처럼 발표하는 친구들 사이에 있으니, 잔뜩 주눅 들 수밖에 없었다. 다들 얼마나 해박하고 논리적인지 초등학교 저학년이 맞나 싶을 정도였다. 가장 희한한 점은 모두가 똑같다는 것이었다. 발표 방식, 목소리 톤, 논리의 전개 방식과 내용 구성. 개중 "저~는"이 압권이었다.

그 누구도 의도하지 않았고, 유도하지 않았는데 스물다섯 명의 학생이 단 한 명처럼 발표할 수 있을까? 주어진 틀속에서 하나의 형식과 정해진 답을 그대로 재연해야 좋은 점수를 받는 우리나라 교육의 특징이 그대로 압축된 장면으로 느껴졌다. 모든 아이가 같은 톤과 자세, 전개 방식으로 발표하게 된 그 이유가 너무나 궁금하다.

5. 세상의 중심이 내가 될 수 없는 이유

내가 좋아하는 어떤 노래에는 'me, me, me, only me, me'라는 가사가 나온다. 정말 꼭 맞는 말 아닌가? 멋진 왕자와 사랑에 빠지려 해도 '나'란 존재가 있어야 가능하고, 이 책도 '내'가 있어 쓸 수 있었다. 누구에게나 세상의 중심은 진정 '나'다. 그렇지만 우리나라에서 아이들을 공부시키는 학부모들은 내 아이를 중심으로 생각할 수 없다. 그 이유는 한국 교육에서 중요한 것은 절대적인 평가가 아니라 상대적인 등수이기 때문이다. 다들 잘 알 것이다. 실수로 삐끗해 한 문제만 틀려도 순식간에 1등급에서 3등급으로 떨어지는 잔인한 현실을.

　　두말하면 입 아픈 '입시 지옥'은 등수와 상대 평가 때문이 틀림없다. 프랑스 성적표에는 등수라는 것이 존재하지 않는다. 물론 우리나라도 그렇다. 그러나 숫자로 보이지 않을 뿐 모든 등급이 표준 편차로 변환되어 알파벳으로 성취도가 표현된다. 그저 등급별 비중을 다른 말로 표시한 것 아닌가.

큰딸은 한국으로 돌아온 후 초등학교 3학년 귀국 학생 반에 들어갔고 한 학급에 9명밖에 없어 얼떨결에 부회장을 맡게 되었다. 당시에는 주 6일 수업이 있어 아이를 데리러 가는 토요일마다 교문 앞에서 같은 반 엄마들을 꽤 자주 만났다. 엄마들과 친해진 어느 토요일, 여느 때처럼 아이들을 기다리며 학교 벤치에 앉아 이야기를 나누고 있었다. 그중 어떤 엄마가 한 아이가 지나가는 것을 보고 말했다.

"독한 기집애, 전 과목을 다 맞았다네요! 이번 시험 엄청 어려웠다는데."

화제의 주인공은 마침 우리 앞을 지나가던 6학년 여학생이었다. 세상에나. 미국에서 3년간 살다 온 그 엄마는 자신의 딸을 국제중학교에 보내기 위해 열심히 준비하고 있었다. 물론 위의 말은 그저 친한 사람들끼리 격의 없이 한 말이었다. 하지만 자기 딸이 만점을 받으면 예쁘다고 칭찬하고 좋아할 것 아닌가? '내로남불'이란 단어가 딱 맞는 것은 아니지만 내 눈앞의 상황은 그와 크게 다르지 않았다.

순간 이런 분위기 속에서 여기 있는 다른 엄마들과 함께 아이 키우기는 힘들겠다는 생각이 들었다. 큰딸의 숙제도, 과목별 점수도 잘 모르는 내가 남의 아이 점수까지 꿰뚫으며 '올인'하는 엄마들을 따라가지 못할 것은 너무나도 당연했다.

사실 나도 딱히 남을 지적할 수 있는 상황은 아니었다. 큰딸이 국어 과목에서 90점을 넘어 온 적이 있다. 한국에 들어와서 몇 달 고생하다 잘 나온 점수라 기분이 상당히 좋았는데, 그 뒤에 습관처럼 질문이 따라 나왔다.

"다 맞은 애들 많아?"
"친구 누구는 몇 점 받았어?"

'참 잘했어'라는 짧지만 따스한 칭찬에 그치지 못하는 이유는 도대체 무엇일까? 한국 입시의 가장 큰 문제점은 친구가 나보다 잘하는 것을 축하하고 격려해 줄 수 없다는 점이다. 상대 평가 시스템 속에서는 또래 반 친구가 내 경쟁자로 비춰질 가능성이 높다. 드라마 〈SKY 캐슬〉에 나온 것처럼 친구의 방황과 불행이 내게는 기회가 되는 경우도 종종 있을 것이다. 어찌 보면 비인간적이다.

그럼 프랑스에서는 어떨까? 평균만 넘으면 진급에는 큰

문제가 없다. 1등이라고 원하는 학교에 반드시 합격한다는 보장도 없다. 무엇보다 제일 좋은 대학, 학교, 학과라는 인식이 우리나라보다 불분명하고 흐릿하기 때문에 줄 세우기 자체가 큰 의미를 갖지 않는다. 프랑스 성적표를 보면 과목별로 각 반을 기준으로 한 평균치, 최저점, 최고점, 그리고 개별 학생의 점수가 나온다. 그러다 보니 아이들이 자신의 상태를 평균 혹은 최고점, 최저점과 비교하며 짐작해 볼 수 있다. 등수는 큰 의미가 없고 과목마다 필요한 수준에 도달했는지, 어느 부분이 부족한지를 파악하는 정도다. 이렇다 보니 희한하게도 프랑스 성적표를 보고 평균보다 높기만 하면 딱히 문제의식이 들지 않는다. 한국 학교의 성적표를 보면 몇 등인지, 앞에는 몇 명이나 있는지 온 신경이 곤두서는 것과는 상반된다.

한국도 중학교까지는 등수 없이 성적표가 나오지만 그 대신에 표기돼 있는 표준 분포도를 활용해 등수를 계산할 수 있다. 표준 분포도를 등수로 환산해 주는 인터넷 서비스가 있어 대다수의 학부모가 이를 활용한다. 어차피 다 알게 될 것인데 제대로 알려 주는 게 오히려 편하지 않겠느냐는 의견도 종종 있다.

그래서인지 우리들은 생각보다 남에게 관심이 많다. 어떤 때는 나보다 타인을 향한 관심이 더욱 클 정도다. 회사에서도 내 업무보다 남이 무엇을 하는지에 더 관심이 많은 경우가 빈번하다. 아마도 어릴 때부터 타인을 의식하고 비교하게 하는 교육 환경 탓이 아닐까? 우리 사회의 피곤한 경쟁 문화는 친구를 경쟁자로 인식하고 견제해야 하는 학교에서부터 시작되었을지 모른다.

6. 코로나와 교육의 우선권

국가 비상사태나 긴급 상황이 터지면 그 사회에서 가장 우선적으로 보호하는 대상이 누구인지 드러난다. 타이타닉 호가 빙산에 부딪혀 물에 잠기는 순간에는 어린이와 여성들이 구명 보트에 먼저 옮겨 탔고, 어느 사회주의 국가에서는 공연 중 큰 화재가 발생하자 당 간부들이 우선 대피하기 위해 어린이는 자리에서 움직이지 말라는 명령을 내려 아이들이 화마에 희생을 당한 일도 있었다. 당시 이 국가에서 보호의 우선순위는 어린 생명이 아니라 이념이었다.

2020년 3월 13일에 파리에 갔던 나는 갑자기 하늘길이 막히는 경험을 했고, 외출 금지를 당했다. 같은 달 17일 낮 12시부터 통행증 없이는 식료품도 구하러 나가지 못했다. 제 2차 세계 대전 당시 사람들이 느꼈던 공포가 이와 비슷했을까? 당시 나는 의도치 않게 파리에 장기간 머물게 되었고, 숨

죽이고 지내며 프랑스인들의 재난 대처 방식을 체감했다.

갑작스레 시작된 봉쇄 조치로 당시 5번째 학년한국 학년으로는 중학교 2학년이었던 작은아이는 3월 초부터 5월 말까지 집에 갇혀 지내야 했다. 예견된 사태가 아니다 보니 온라인 수업이 제대로 진행될 리 없었다. 몇몇 선생님은 인터넷으로 숙제를 내 주고 메일로 보내라 요청했고, 간혹 어떤 선생님은 수업마다 강의 영상 링크를 따로 챙겨 보내 주기도 했다. 두 달 넘게 거의 아무런 진전이 없는 수업들도 있었다.

처음에는 감염병에 대한 두려움으로 집 안에만 갇혀 있었지만 몇 주, 그리고 한두 달이 지나자 여러 사회 문제가 속속 수면 위로 떠올랐다. 가정 관련해서는 교육과 저소득층의 열악한 주거 환경 문제가 두드러졌다.

프랑스에는 이민자 가정이 많고 이들 상당수는 충분히 교육받지 못한 저소득층이다. 이런 가정은 아이들에게 수업 여건을 만들어 주기 힘들었고 시간이 지날수록 사태는 악화되었다. 학교 식당에서 주린 배를 채웠던 아이들은 굶기 일쑤였고, 부모가 반드시 일터로 나가야만 하는 가정의 아이들은 집에 방치되었다. 단칸방에서 장애가 있는 동생과 사는 아이가 온라인 수업을 제대로 들을 리 만무했다. 인터넷을 통해 진행되는 수업과 주어지는 과제는 프랑스어를 잘 모르는 이민자 가정의 아이가 혼자서 도저히 따라갈 수 없었다. 여러 뉴스와 미디어에서는 교육 기본권, 코로나 장기화에 따라 벌어지는 계층간 학습 격차, 저소득층의 어려움을 조명했다.

사람들의 피로감은 극에 달했고, 봉쇄 조치가 이어지는 건 무리였다. 정부는 일상 회복 시점을 논의해야 했다. 공영방송을 통해 공표된 담화 순서를 살펴보면 첫 번째가 총리, 그리고 보건부 장관, 그다음이 교육부 장관이었다. 이 순서대로 관련 대책을 발표할 정도였으니 당시 프랑스에서 교육이 얼마나 중요한 화두였는지 짐작할 수 있다.

우리나라의 경우 어느 학년부터 우선시했을까? 기억을 더듬어 보자. 당연히 고등학교 3학년이다. 아이들이 학교에 발을 내디딘 후 수능만을 위해 달리는데, 당연히 시험을 볼 수 있는 최적의 여건을 만들어 줘야 한다.

그렇다면 프랑스에선 누가 먼저 등교했을까? 바로 유치원생이다. 프랑스에서는 유치원이 공교육 과정에 포함된다. 이름도 '에콜 마테르넬École maternelle'로 학교École라는 단어가 공식적으로 들어간다. 프랑스에서는 아이를 유치원에 보내는 것이 부모의 의무이고, 교육은 가정이 아닌 정부의 책임이며, 결국 어린아이를 돌보는 건 국가의 의무다. 이러한 인식 때문에 교육과 돌봄 서비스 역시 가장 어린 나이의 아이들에게 우선 제공되는 것이다.

다음은 어느 학년이었을까? 초등학교 저학년이었다. 여기서도 입시생에 대한 배려는 보이지 않는다. 그들은 이미 스스로 학습할 수 있는 여건을 많이 갖췄기 때문이다.

이처럼 혼자서는 공부를 할 수 없는 가장 낮은 연령의 어린아이, 그 이후로는 초등학교 저학년부터 점차 한 주씩 순차적으로 등교하게 되었다. 초등학생이 모두 등교를 하고 난 다음인 5월 말, 6월 초가 되어서야 작은애도 학교에 갈 수 있었다. 이미 한 학기를 거의 날려 버린 상태였지만프랑스는 3학기제로, 한 학기가 세 달이다 재택 수업과 등교 중 하나를 택하라니 기꺼이 후자를 택한 것이다.

우리나라의 고3은 특별 대우를 받는다. 그들을 위해 수능 시험날 아침에는 비행기도 뜨지 않고 회사의 출근 시간도 조정된다. 여력이 되는 부모가 1년간 휴직하고 아이와 한 몸이 되어 만사 제쳐 두고 입시를 준비하는 경우도 봤다. 학년별 등교 순서도 그렇고, 팬데믹을 겪으며 우리나라 교육은 대입을 가장 우선시한다는 것이 다시 한 번 증명된 셈이다.

국경과 문화 차이를 초월해, 교육의 목적은 문제를 잘 푸는 아이를 양산해 좋은 대학교에 보내는 것이 아니다. 교육의 본질은 배움과 돌봄이 필요한 아이들에게 기회를 주고 제대로 된 학습을 통해 성장할 수 있도록 이끄는 것이다. 팬데믹은 대학에 그다지 흥미가 없는 학생들, 진학할 여건이 되지 않는 아이들이 현재 한국의 교육 과정에서 어떤 소외감을 느끼고 있을지, 다시 한 번 돌아보게 한다.

지난 2년의 팬데믹 기간 동안 더 크게 벌어진 소득 계층 간의 기초 학력 차이는 당사자인 아이들이 평생 극복하기 힘든 수준일 수도 있다. 내 주변에도 부모가 모두 일터로 나가 엄마가 아침에 싸 놓은 도시락을 먹으며 하루 종일 혼자 빈집에서 온라인 수업을 받는 아이가 많았다. 그러나 경제적으로 여유가 있는 가정에서는 학교를 가지 않는 이 기간을 오히려 잘 활용했다. 강남에 사는 한 지인의 아이는 초등학교 고학년이었는데, 재택 수업 기간 동안 낮 1시부터 새벽 1시까지 꼬박 열두 시간씩 학원에서 수학 올림피아드를 준비했다. 이 우울하고 힘겨운 상황이 누군가에겐 실력을 쌓을 좋은 기회였던 것이다.

앞으로 사태가 더욱 장기화되거나 혹은 반복된다면 그로 인한 격차는 얼마나 벌어질 것인가? 소득에 따른 교육 수준 차이와 그로 인한 계층 간극은 기회의 불균형을 점점 더 많이 초래할지 모른다.

강남 8학군 빵치는 파리의 교육 중심지

© Celette

팡테옹과 소르본 대학교 바로 옆에 위치해 있다. 파리 중심부의 학교는 일반적으로 학급 수가 매우 적어 한 학년이 겨우 한두 반으로 이루어져 있다. 가장 번화한 파리 5구지만 학교는 작고 낡았다.

Le Jardin
du Luxembourg

파리 소르본 대학

Rue Cujas

빅토르 쿠쟁 초등학교

Rue Soufflot

Rue Victor Cousin

© Agustin palacioslaloy

1783년 루이 16세의 명령으로 설립됐다. 당시 광업은 국가 산업에서 매우 중요한 역할을 차지했다. 경제 계획 수립, 지질학 등에 대한 매우 높은 수준의 학문이 관련 산업에 필요했기에, 당대의 수재들이 이곳을 거쳐 갔다. 현재는 공학 분야에서 세계적인 명성을 자랑한다.

파리 국립 고등광업학교

프랑스에서 손꼽히는 명문 고등학교. 그랑 제콜의 지름길로 통하지만, 그만큼 경쟁이 치열하다.

1550년부터 교육 기관으로 자리했고, 17, 18세기부터 현재의 이름으로 불렸다. 3명의 대통령과 9명의 총리, 8명의 노벨상 수상자를 배출한 역사를 자랑한다.

© Pline

루이 르 그랑 고등학교

© Anna Kurth

1796년부터 수도원의 교육 시설로 사용되었다. 1804년부터는 나폴레옹 고등학교라는 이름으로 불리다가 1873년부터 프랑스 왕의 이름을 따 현재의 명칭이 굳어졌다. 루이 르 그랑과 함께 프랑스 최고의 명문 고등학교로 불린다.

파리 1 팡테옹 소르본 대학

팡테옹
팡테옹 계단에서 바라본 파리 전경. 문화유산 가득한 이 거리 주변으로 유서 깊은 명문 학교들이 자리하고 있다.

앙리 4 고등학교

Rue des Écoles

Rue Valette

Rue Laplace

Rue Descartes

Rue Clotilde

50m

4장

아이들의
학교생활

나라는 존재가

남과 다른 유일한 존재로

항상 존중받아야 한다는 생각이

프랑스 모든 교육 과정의 근저에

자리 잡고 있다.

이 내용을 교육 과정의 첫 순간에

배운 아이들의 마음 깊은 곳에도

마찬가지다.

1. 모든 것의 출발점, 어린이의 기본권

프랑스에서도 한국과 마찬가지로, 아이가 초등학생이 되면 글자를 익히고 유치원 때와는 다른 사회를 조금씩 배워 나간다. 내 아이는 하교하자마자 신이 나 수업 시간에 있었던 일을 이야기하곤 했는데, 때때로 아이의 눈을 통해 내가 알던 것과는 전혀 다른 사회의 이면을 발견하기도 한다.

집 근처 초등학교에 들어간 큰애는 알파벳을 한 글자씩 따라 쓰더니 어느 순간에는 글을 읽기 시작했다. 그리고 학교에서 외워야 할 것들을 들고 왔다. 아이가 집에서 뭔가를 외우려고 사뭇 진지한 태도로 연습했던 것은 그때가 처음이었다. 그때 꼬마 숙녀의 입에서 나온 말은 매우 묵직했다. 어린이는 보호받아야 하고, 일해서는 안 되고, 교육받고, 사랑받아야 한다는 내용이었다. 나중에 알고 보니 아이가 읽고 있던 것은 '어린이의 권리 헌장'이었다. 이는 전 세계 어린이를 위해 국제연합UN에서 정해 공표한 것이다. 자세한 사항은 다음과 같다.

> 어린이는 이름, 국적, 정체성을 가질 권리가 있다.
> 어린이는 치료받고, 병으로부터 보호받고, 충분하고 균형잡힌 음식을 섭취할 권리가 있다.
> 어린이는 학교에 가고, 폭력으로부터 보호받고, 모든 형태의 학대와 착취, 노동으로부터 보호받을 권리가 있다.
> 어린이는 전쟁을 하거나 겪지 않을 권리가 있다.
> 어린이는 피난처를 갖고, 구조받고, 적합한 생활 환경을 누릴 권리가 있다.
> 어린이는 놀고 취미를 가질 권리가 있다.
> 어린이는 정보, 표현, 참여의 자유를 가질 권리가 있다.
> 어린이는 가족을 갖고, 주변에 사람들이 함께하고, 사랑받을 권리가 있다.

도대체 학교에서 무엇을 배우길래 이렇게 무게감 있는 내용을 결연하게 되뇔까 공책을 슬쩍 봤다. 초등학생 꼬마가 학교에서 처음 배우는 것은 '존중'의 의미와 가치였다. 모든 사람은 제각기 다르며, 다른 그대로 인정받을 권리가 있다,

우선 '나' 스스로를 존중해야 하며 나는 다른 모든 이에게도 존중받을 권리가 있다 등. 큰아이는 자기 자신을 존중하기 위한 구체적인 실천 방법으로 어린이인 나에게 어떤 권리가 있는지 배우고 있었다. 보호받고, 교육받고, 사랑받고, 놀고, 참여하고, 치료받고, 배불리 먹을 권리.

우리나라에서는 학교에 들어가면 나에 대한 존중과 인정보다는 '타인에 대한 예절'을 먼저 배운다. 착하고 성실하게 남을 배려하고, 부모님 말씀을 잘 듣고, 친구와 사이좋게 지내는 게 중요하다 배울 뿐이지 타인과 사회 모두가 있는 그대로의 '나'를 받아들이고 존중해야 한다는 것은 언제나 뒷전이다.

'나'는 남과 다른 유일한 존재로 항상 존중받아야 한다는 가치가 프랑스 모든 교육 과정의 근저에 자리 잡고 있었다. 입학 후 첫 순간에 이 내용을 배운 아이들의 마음 깊은 곳에도 마찬가지다. 첫째를 보니 아이들이 학교에서부터 자신의 권리를 배우고 인식한다는 것을 알 수 있었다.

어쩌면 프랑스 사회는 다양한 종교와 언어, 외모를 가진 이들이 섞여 사는 나라이기에 이 같은 접근 방식이 우리 사회보다 훨씬 더 중요할 수 있다. 그렇다 한들 아이들의 사고 출발점이 배우 나른 것은 사실이다.

또 하나, 아이 친구의 엄마를 통해 재밌는 점을 발견한 적이 있다. 우리 아이에게는 한 살 때부터 같은 보육원을 다녔던 금발 곱슬머리의 샤를린이라는 장난꾸러기 친구가 있었다. 나도 샤를린의 엄마와 마주칠 때마다 반갑게 인사를 나누고 친한 이웃으로 지냈는데 어느날 그녀가 아이에게 호랑이를 설명하며 "호랑이는 나빠Méchant."라고 표현하는 것을 들었다. 우리나라에서는 보통 '호랑이는 무서워'라고 하거나, 우는 아이에게 '호랑이가 잡아 간다'라며 겁을 주는데 말이다. 비슷한 맥락에서 요즘도 종종 길에서 울거나 떼쓰는 아이에게 부모가 "경찰 아저씨, 얘 좀 혼내 주세요."라고 겁주는 상황을 보곤 한다. 생각해 보면 힘이 세고 무서운 존재를 빌려 아이를 겁주고 복종시키는 것은 그다지 좋은 교육 방식이 아니다.

비슷한 상황이나 같은 대상을 전혀 상반되게 인식하는 것은 두 사회의 교육과 밀접하게 연결되어 있다. 만 나이로 여섯 살부터 자신의 권리에 대해 배운 우리 큰애는 이후 어려운 상황에 처하면 당연한 듯 경찰에게 도움을 청했다. 한번은 주변 학교 아이들이 딸과 친구들의 사진을 함부로 찍자 초상권 침해라고 경찰에 신고하기도 했었다. 또, 자신에게 해를 가하려는 어른은 가중 처벌의 대상이라는 확신을 갖고 있었다. 괜히 트집을 잡거나 윽박지르는 친척 어른에게는 오히려

"경찰을 부를 거야."라고 반응하기도 했다. 우리 눈에는 맹랑해 보일 수 있지만, 아이는 자신이 사회에서 보호받아야 하는 대상이고 경찰은 자신을 지키는 의무를 다할 것이라는 믿음을 갖고 행동했다.

착하고 예의 바른 것보다 중요한 것은 자기 자신에 대한 존중이다. 내가 공부를 잘하든 못하든, 키가 크든 작든, 얼굴이 하얗든 까맣든, 다문화 가정이든, 나는 있는 그대로 존중받아야 하는 고유한 존재라는 것. 내 딸은 어릴 때 배운 어린이의 권리와 의무를 세상의 진리처럼 알고 자랐다.

자신은 사회로부터 보호받아야 하고, 존중받고 있다는 것을 아는 아이들은 언제나 당당하고 걱정이 적다. 주눅 들거나 남의 눈치를 보기보다는 자신이 좋아하는 것을 당당하게 주장하고 그 길을 찾아간다. 원하는 길을 스스로 찾는 딸아이와 또래 친구들을 보니 어릴 때부터 존중의 가치를 깊이 새기도록 한 이유를 알 것 같다.

파리의 시테 드 라 뮤지크(Cité de la Musique)

콘서트장, 교육관, 박물관, 실습실 등의 시설을 갖춘
대규모 음악관이다. 프랑스의 초등학생들은 담임
선생님의 재량에 따라 이곳을 방문해 음악 프로그램에
참여하기도 한다.

© philharmoniedeparis.fr

파리 필하모니

다양한 장르의 음악 공연이 열리는 콘서트 홀로, 프랑스의
자랑이자 최고의 건축가로 꼽히는 장 누벨(Jean Nouvel)의
작품이다.

2. 별 보고 나가 별 보고 돌아오는 중학생의 하루

앞서 살펴본 것처럼, 프랑스의 초등학생들은 자신의 권리를 먼저 익히고 기초적인 학업 능력을 기르며 비교적 자유롭게 학교생활을 한다. 다만 우리나라보다 엄격한 게 한 가지 있는데 바로 등하교다. 일단 교문은 등하교 시간 외에는 굳게 닫혀 아무도 드나들 수 없다. 특별한 용건이 있을 경우에만 벨을 누르고 통화를 한 후 출입이 가능하다.

초등학생은 보호자와 동반 통학이 의무이기에 대부분의 부모가 등하교 시간에 맞춰 아이를 데려다 주고 데리러 온다. 덕분에 오후 4시쯤 교문 앞은 학부모들로 북적북적하다. 한국에 돌아온 직후, 초등학교 1학년 정도 되어 보이는 어린아이들이 커다란 책가방을 메고 혼자 길을 건너 총총거리며 학교로 향하는 모습을 보고 아주 크게 겁을 먹고 놀란 적이 있다. 프랑스에선 다 큰 5학년도 부모가 데리러 가는 것이 당연하고 익숙했기 때문이다.

그렇다면 중학생이 되면 뭐가 달라질까? 중학교에 들어가면 아이들은 독립적이고 자율적으로 생활하기 시작한다. 쉬는 시간이 되면 과목에 따라 교실을 옮겨 다니는 모습이 펼쳐진다. 초등학생 때와는 전혀 다른 생활이다.

작은아이는 빅토르 뒤휘Victor Duruy라는 중학교에 다녔다. 로댕 미술관과 건물 벽을 맞댄 이 학교에는 다른 학교에서 찾아보기 힘든 멋스럽고 웅장한 정원이 있으며, 역사가 매우 깊다. 학교가 위치한 7구는 과거부터 귀족들이 많이 거주하던 지역으로 오르세 미술관과도 가깝고 근처에 총리 공관도 있다.

당시 우리 가족은 파리 6구에 살았다. 그럼에도 아이가 이곳에 다닐 수 있었던 이유는 프랑스어에 서툰 학생들이 언어를 배우는 과정인 '위페으2아UPE2A'라는 학급이 있었기 때문이다.

아이는 2년간 이 학교를 다녔다. 프랑스 학교의 수업 시간은 과목에 따라 들쭉날쭉하다. 일찍 시작하는 날은 8시 15분에 수업을 시작하고, 늦게 끝나는 날은 오후 5시 45분까지 수업이 있다. 가톨릭 국가의 전통이 남아 수요일에는 대부분 오전 수업만 진행한다.

제시간에 등교하기 위해서는 보통 오전 7시 50분쯤 서둘러 나가야 한다. 수업 시작 시간이 날마다 조금씩 다르지만, 8시 10분에 교문을 닫기 때문에 시간에 맞춰 학교에 도착하려면 그때 출발해야 했다. 그런데 프랑스는 유독 겨울 해가 짧고, 3월 마지막 일요일부터 10월 마지막 일요일까지는 서머 타임을 적용해 1시간씩 앞당기다 보니 한밤중처럼 깜깜할 때 학교로 출발해야 하는 날이 많았다. 특히 겨울에는 하굣길이 칠흑같이 어둡기도 했다.

수업 시간표를 보면, 과목과 수업 시간이 한국과는 얼마나 어떻게 다른지 알 수 있다. 다음 페이지에 작은아이의 프랑스 5번째 학년우리나라의 중학교 2학년 1학기 수업 시간표를 적어두었다.

시간표를 보면 프랑스어와 수학 수업이 일주일에 네 차례 있고, 다음으로 체육이 세 차례, 역사와 지리, 생물 및 지구과학, 영어, 라틴어, 중국어, 물리와 화학, 음악, 미술, 기술 등이 있다.

아이가 제일 좋아했던 수업은 미술과 중국어였다. 수학 시간에는 늘상 친구들이 떠들고 장난을 쳐 정신없었단다. 근엄한 한국 학교의 수학 시간과는 사뭇 다른 것 같았다. 역사와 지리는 한 과목으로 함께 배워 조금 혼란스러워했다.

	월	화	수	목	금
8:15 9:10	체육 체육관	생물 및 지구 과학 BS12	라틴어 BJ05	체육	
9:15 10:10	체육 체육관	물리, 화학 BS4	영어 BA104	역사—지리 BA101	역사—지리 BA101
10:30 11:25	수학 BJ04	기술 Tech3	미술	영어 BJ07	체육 체육관
11:30 12:25			수학 BJ02		
12:30 13:25	음악 음악실	물리, 화학 BS1		생물 및 지구 과학 BS13	중국어 BJ05
13:30 14:25	역사—지리 BA101	프랑스어 BJ05		중국어 BJ01	수학 BJ04
14:40 15:35	프랑스어 BJ05	중국어2 BJ01		수학 BJ03 프랑스어 BJ05	영어 BA107
15:40 16:35	체육			프랑스어 BJ05	프랑스어 BJ05

빅토르 뒤휘 중학교 어느 학급의 2019~2020년도 2학기 시간표
프랑스에서 한 학년은 세 학기로 구성되어 있다. 중학교부터 수업시간마다
교실을 옮겨, 시간표에는 과목 이름 아래 교실이 함께 쓰여 있다.

프랑스에서는 한국보다 훨씬 다양한 언어를 접할 수 있다. 프랑스어와 영어, 라틴어는 기본으로, 중국어, 독일어, 스페인어 가운데 하나를 제2 외국어로 선택해 배웠다. 중2 때부터 네 개의 언어를 배우는 것이다. 라틴어는 추가 선택 과목이라 본인이 원하지 않으면 다음 학기부터 배우지 않아도 되

지만 첫 학기에는 공통적으로 배워야 했다. 학교에 따라서는 고대 그리스어와 라틴어를 함께 가르치는 곳도 있었다.

시간표 구성만 보면 한국보다 수업이 많다. 오전 8시 15분부터 바로 수업을 시작해 오후 4시 35분에나 수업이 마무리되는 날이 꽤 있었다. 수업 시간도 55분이니 한국의 일반적인 학교보다 좀 더 길다.

이쯤 되면 중학교부터는 우리나라보다 유럽 학생들의 시간표가 더 빡빡하다고 말할 수 있다. 아침 7시에 일어나 학교에 가고 깜깜한 저녁 6시가 다 되어 집에 돌아오니, 저녁 식사라도 길게 하면 아이가 숙제를 할 시간도 빠듯했다.

학원이라는 개념도 없지만, 결국 이런 시간표 구성 탓에 아이들이 학교 공부 외에 다른 것을 할 시간은 거의 없다. 그래서 음악이나 체육 등 예체능 활동의 경우 주로 수요일 오후나 토요일을 활용했다.

3. 너무나 즐거운 레크레 시간

아이들은 항상 노는 시간을 기다린다. 프랑스의 학교 시간표를 보면 아침부터 저녁까지 수업이 꽉 차 있는 듯하지만 중간중간 단비 같은 쉬는 시간도 마련돼 있다. 어찌 보면 아이들에게는 잠시 숨을 돌리고 친구들과 장난치는 시간이 가장 즐겁고 중요할 것이다.

프랑스에서는 학교 수업 사이에 '레크레아시용Récreation'이라는 쉬는 시간이 있다. 보통 줄여서 '레크레'라고 부른다. 이 시간에 아이들은 모두 뜰이나 운동장으로 나가 뛰어놀고 시간을 보낸다. 겨울에도, 한여름에도, 비가 와도 그렇다. 우리 아이들도 레크레 시간을 정말 좋아했다.

앞서 보여 준 아이의 학교 시간표를 잘 보면 오전 10시 10분부터 20분간 조금 긴 쉬는 시간이 있는데, 이것이 바로 레크레디. 아이들은 이 짧은 시간을 이용해 친구들과 신나게

논다. 작은딸은 중학생 내내 이 시간을 활용해 고양이 놀이

Chat, 얼음 땡, 술래잡기와 비슷를 했다. 신체적으로는 얼추 다 큰 중

학생이 하루가 멀다 하고 술래잡기를 하는 게 우리 눈에는 좀

어색해 보이지만, 어쨌든 아이는 또래 친구들과 함께 교정을

뛰어다니곤 했다. 레크레 시간에는 선생님 대신 젊은 대학생

언니 오빠가 '감독관'으로 함께한다. 우리말로 바꾼 표현의

어감은 좀 무겁지만 돌봄 선생님 같은 역할로, 아이들은 이들

과 매우 편하고 친근하게 지냈다.

하지만 모든 쉬는 시간이 레크레는 아니다. 시간표를

자세히 보면 쉬는 시간이 들쭉날쭉한 것을 알 수 있다. 오

전의 레크레는 20분이지만 오후는 15분이다. 그리고 나머

지 쉬는 시간은 겨우 5분이라 아이들은 재빠르게 화장실

을 다녀오고 교실을 이동해야 한다. 한국의 시간표가 일

률적이라면 프랑스의 시간표는 좀 더 활발하고 율동감이

있다.

특히 점심시간에는 아이들의 외출이 잦은 편이다. 식사

시간이 중요한 프랑스는 집에 가서 점심을 먹고 오는 학생이

많다. 식단이 맘에 들지 않으면 굳이 학교 식당에서 먹을 필

요가 없다.

여담이지만, 프랑스 학교 식당은 부모의 소득에 따라 값

이 다르다. 소득이 높은 가정의 아이는 점심 한 끼에 7유로한
화로 약 1만 원 이상을 내기도 한다. 비싸게 느껴질 수준이다. 반
면 저소득층 학생은 1유로가 채 안 되는 값에 점심을 먹을 수
있다.

수업이 비는 경우에는 잠시 집에 다녀와도 된다. 작은애
의 학교는 학기 초에 부모에게 연락 수첩을 보내 아이의 외출
정도를 결정해 달라고 했다. '외출 금지, 중학생, 자율, 자유'
등 네 가지 중에 고르는 것인데 '외출 금지'는 말 그대로 아이
가 무조건 학교에 있어야 한다는 뜻이다. 선생님이 하루 종일
안 오거나 수업이 비어도 학교 도서관 등에 있다가 정해진 마
지막 시간이 끝나야 귀가할 수 있다.

만일 '자율'을 선택했다면 아이는 두 시간 이상 수업이
비는 경우 집에 다녀올 수 있다. '자유'는 잠시라도 수업이 비
면 언제라도 집에 갔다가 다음 수업 시간에 맞춰 학교에 돌아
오면 된다. 교문에는 항상 관리 선생님이 있어 학생들의 시간
표와 외출 정도가 쓰여진 수첩을 일일이 확인한다.

출석이나 지각은 매 시간 점검하기 때문에 마음대로 학
교 밖으로 나가게 되면 본인이 책임을 져야 한다. 지각이나
결석에 대해서는 학부모에게 메일로도 통고가 온다. 매우 철
저하다. 이런 경우에 부모들은 연락 수첩에 있는 빨간 메모지

큰아이가 4학년 때 영화를 찍기 위해 만든 소품

큰아이는 한국에서 프랑스 학교를 다니면서 라틴어를 매우 재밌게
배웠고 좋아했다. 라틴어 과제로 영화를 찍기 위해 소품도 직접 만들었다.
연극반에서 무대 디자인을 맡았고 오케스트라의 악장으로 활동하기도 했다.
중학교 내내 공부 이외에도 즐거운 활동에 참여했다.

작은아이가 춘절을 맞아 중국어 시간에 만든 과제

작은애는 프랑스에서 중학교를 다니면서 미술과 중국어 시간을 가장
좋아했다. 중국어 수업은 말과 글뿐만 아니라 다양한 중국의 문화를 접할
기회를 주었다. 작은아이는 학교에서 중국인 친구의 영어 공부를 도와줬고
그 친구는 아이에게 중국어를 가르쳐 줬다. 둘은 프랑스를 떠난 지금도
가장 친한 친구로 남아 있다.

에 이유와 내용을 적어서 보내야 한다.

이처럼 아이가 중학생이 되면 '자율'이 더해지는 생활이
시작된다. 어린아이에서 청소년으로 성장하는 이 시기, 학교
생활에도 큰 변화가 생긴다. 그렇지만 변하지 않는 것이 하나
있다. 바로 레크레 시간이다. 유치원부터 고등학교까지 레크
레는 늘 친구들과 함께하는 즐거운 시간으로 남아 있다.

프랑스 학교의 연락 수첩
아이들의 시간표와 쉬는 시간의 외출 여부 등을 표기한 수첩이다.
학부모는 학기 초에 이 수첩에 아이들의 외출 정도를 체크해 보낸다.

4. 한겨울의 수영 수업

안타깝고 가슴 시린 세월호 참사가 벌어진 후 한국에서도 수영을 기본 교육 과정에 넣어 가르치고 있다. 정말 다행스러운 결정이다. 교육이 살아가는 데 필요한 기초 지식을 익히는 과정이라면 수영은 학교에서 반드시 배워야 하는 것 중 하나다. 프랑스에서 수영은 학업 과정 전반에서 매우 중요해 중학교 졸업을 위해 시험을 쳐야 할 정도다. 체육 시간에 기초부터 차근차근 가르치며, 아이들은 거의 매 학년 두어 달가량 매주 수영을 배운다.

그럼 수영을 어떤 방식으로 배울까? 물론 대부분의 학교에는 수영장이 없다. 작은애가 다녔던 학교도 마찬가지였다. 그래서 쉬는 시간을 활용해 가까운 수영장으로 이동해야 했다. 아이들은 코로나 사태가 터지기 전까지 인솔 교사와 함께 파리 시내 골목을 요리조리 지나 수영장으로 가곤 했다. 코로

나로 등교가 전면 금지되자 한동안 못 가게 됐지만.

작은애가 빅토르 쿠쟁 초등학교에 다닐 때, 팡테옹을 가로질러 도보로 10분쯤 걸리는 곳에 수영장이 있었다. 아이는 수영에 서툴러 수심이 낮은 풀에서 따로 연습했다. 같은 반에 수영을 못하는 아이는 작은딸과 아시아계 남자아이 정도였고 다른 아이들 대부분은 이미 수영을 잘했다. 왠지 동양인들만 뒤처지는 것 같다는 생각도 들고, 미리 수영을 가르쳐 오지 않은 것이 내심 속상했다.

수영장 이용과 관련해 문제가 하나 있었다. 모든 학생이 따뜻한 낮에 수영 수업을 듣고 싶어 한다는 것이었다. 시에서는 각 학교 일정에 맞게 수영장 이용 시간을 배분해야 하고 학교에서는 각자 사정에 따라 수업을 진행해야 하니, 때로는 아이들이 이른 아침에 물에 들어가는 일이 생기곤 했다. 깜깜하고 추운 겨울날 아침의 수영 수업은 당연히 달갑지 않았다. 그래서 시간표를 바꾸기 위해 엄마들이 나름 학교에 압력을 가하기도 했다. 이런저런 노력 덕에 아침 첫 시간이었던 수영 수업을 오후 시간으로 한동안 옮긴 적도 있었다.

둘째 아이가 잠시 한국에서 학교를 다니다 다시 프랑스로 가 중학교에 다닐 때도 체육 과목에는 항상 수영 수업이 포함돼 있있다. 희한하게도 수업은 늘 추운 계절, 이른 시간에 잡혔다. 이번에도 아이의 수영 수업은 아침 첫 시간이었다. 결국 초승달이 떠 있는 오전 8시 10분, 모든 학생이 수영장 앞에 모여 준비 운동을 하고 물에 몸을 담갔다.

여담으로, 프랑스 수영장 탈의실은 한국과는 달리 안에 작은 칸이 따로 있다. 옷가게의 피팅 룸과 비슷한 형태다. 덕분에 프랑스에서는 수영복을 갈아입을 때도 서로의 사생활이 보장된다. 그러나 탈의실이 그리 많지 않아 모든 아이가 한 명씩 옷을 갈아입고 나오면 꽤 오랜 시간이 걸렸다. 여하튼 매번 이런 소동을 겪으며 수영 수업이 진행됐다.

중학교를 다니게 됐지만, 작은애의 수영 실력은 초등학생 때와 큰 차이가 없었다. 물에 뜨고 호흡하는 방법 정도는 익혀서 프랑스에 갔지만, 능숙하게 수영하는 것과는 거리가 멀었다. 대부분의 또래들은 이미 네 가지 영법을 자유롭게 쓰는 데에 반해 아이는 자유형과 배형을 겨우 익히는 중이었고, 이번에도 수영이 서툰 소수의 친구들과 따로 수업을 받았다.

수업이 진행될수록 아이의 실력은 조금씩 나아져 제대로 된 수업에 참여할 수 있게 됐다. 그리고 어느 날, 드디어 물속 깊이 잠수해 장애물 아래를 통과하는 단계로 넘어갔다.

아이에게 수영 수업 이야기를 듣고 그리 오래되지 않은

학생들의 **크로스컨트리** 연습상이 있었던 자르뎅 데 플랑트(Jardin des plantes)
프랑스 대부분의 학교에는 넓은 운동장이 마련되어 있지 않다. 그래서 체육 수업 시간에
주변에 있는 공원이나 경기장, 체육관을 자주 사용한다.

시점에 부다페스트 다뉴브강의 유람선이 침몰해 안에 있던 한국인 관광객 다수가 사망하는 참사가 발생했다. 헤엄치는 기술은 급박한 상황에 생존을 위해 꼭 필요하다. 배가 기울어지고 물속으로 가라앉는 그 순간 두려움에 사로잡혀선 안 된다. 침착하게 대처해야 빠져나올 수 있다. 흙탕물이 범람하거나 물 속에 장애물이 있는 상황에서 무사히 벗어나기 위해 반복적인 연습이 필요하다. 프랑스의 수영 수업은 이러한 상황에 대비하는 법을 가르쳤다.

아이가 한국 초등학교를 다닐 때는 한 해에 수영 수업을 3일쯤 했던 것 같다. 그마저도 첫날에 발을 다쳐 이후 이틀간은 교실에 남아 있었다. 수업이 어떻게 이뤄지는지는 알 수 없지만, 장애물을 통과하는 법이나 위급 상황 대처법을 배우는지 궁금하다. 만약 그게 아니라면 수영 수업이 어떤 상황에 대비하는 것인지 진지한 고민부터 필요해 보인다. 더 이상 안타까운 소식들이 들리지 않게 하려면 말이다.

5. 0~20, 성적표 속 숫자의 의미

프랑스의 성적은 0점부터 20점까지로 나온다. 0점이 가장 낮은 점수고 20점은 최고점이다. 일반적으로 10점을 기준으로 그 이상이면 안심해도 괜찮고, 그 미만이면 긴장해야 한다. 과목 통과가 안 되어 유급할 수도 있기 때문이다. 대부분의 시험점수가 15/20, 13.5/20, 8.5/20처럼 20점 만점 기준으로 표기된다. 그러나 간혹 10점 만점인 시험도 있으므로 아이가 8점을 받았다면, 이때는 만점을 먼저 확인해야 한다. 8점이라고 혼을 냈는데 알고 보니 10점 만점이었을 수도 있기 때문이다. 이 경우는 높은 점수니 오히려 칭찬해 줘야 한다.

우리나라 상위권 학생들은 소위 만점 시험지를 달고 살지만, 프랑스에서는 20점을 받는 학생이 매우 드물다. 18, 19점을 받으면 그 과목에서 매우 탁월하다는 뜻이다. 반에서 그런 점수를 받는 학생들은 겨우 한두 명 정도 될까 말까 하고,

가끔은 과목별 최고점이 15점을 못 넘는 경우도 있다. 뛰어난 학생이라 해도 채점하는 선생님의 눈높이나 성향에 따라 1~2점 정도 차이나는 점수를 받기도 한다.

그 이유는 대부분의 문제가 서술형이기 때문이다. 프랑스에서는 초등학교 때부터 사지선다나 오지선다 문제는 찾아보기 힘들다. 단답형 문제도 거의 없고 대부분 문장으로 답해야 한다. 정답이 명확히 정해져 있지 않고 채점하는 사람의 재량에 따라 평가가 달라지는 경우가 종종 있다. 그러니 만점을 받는 일은 극히 드물다. 생각해 보자. 만일 내가 선생님이라면 어떨까? 높은 수준의 서술형 답안지를 채점한다 해도 완벽을 의미하는 20보다 19 혹은 19.5 정도의 점수를 주는 게 일반적인 심리 아닐까?

우리나라 시험지는 프랑스와는 달리 객관식 문제가 높은 비중을 차지한다. 이유는 간단하다. 첫째는 채점이 용이한 효율적인 방식이고, 둘째는 이의 제기 가능성을 크게 낮출 수 있기 때문이다. 한때 초등학교 한 반에는 60여 명이나 되는 학생이 우글거렸고, 학년당 15반까지 있었다. 그러고도 교실이 부족해 오전, 오후반으로 나눠 수업하던 시절도 있었다. 선생님 한 명이 많은 학생의 모든 과목을 채점하기가 당연히 쉽지 않았을 것이다. 그러다 보니 수업 시간에 이뤄지는 쪽지 시험부터 문제집까지 다지선다형 방식이 적용됐다. 어쩔 수 없이 생겨난 관행이 지금까지 그대로 남아 있다.

20점 만점인 프랑스 점수 체계에서도 등급이 나뉜다. 16점 이상은 '매우 훌륭함Très bien', 14점 이상은 '훌륭함Bien', 12점 이상은 '충분히 좋음Assez bien', 10점 이상은 '통과할 수 있음Passable', 그 이하는 탈락이다. 이러한 기준은 중·고등학교와 대학교, 그리고 대학원 과정에서도 쓰인다. 내가 대학원을 다닐 때도 박사 학위 논문 과정에 들어가기 위해 일정 점수 이상으로 시험을 통과해야 했다. 기초 평가와 점수에 따라 논문을 쓸 자격이 주어져서다.

또 학기 말에는 전 과목 점수의 중요도를 반영한 후 종합해서 '망시용Mention'을 준다. 성적이 매우 높은 경우 축하한다는 뜻의 '펠리시타시용Félicitation'을 주고, 성적이 좋지만 그에는 약간 못 미치는 경우에는 칭찬이라는 뜻의 '콩플리망Compliment'을 준다.

희한하게도 아이가 펠리시타시용을 받으면 일단 기분이 좋다. 아이가 1등을 했는지, 10등을 했는지 별로 궁금하지 않다. 학교에서 학업 성과를 축하한다는데, 그 말대로 기쁘게 축하를 받아들이고 한 학기를 잘 끝냈다는 생각이 들어 뿌듯

2018~2019년도 성적 증명서
프랑스에서는 일반적으로 한 학기가 끝날
때마다 성적 증명서가 나온다. 또 한 해의
교육 과정이 끝나면 전체 학년에 대한
성적 증명서를 발급한다.

하다. 그리고 즐겁게 여름 바캉스 떠날 생각을 한다.

물론 콩플리망을 받아 올 때도 있었다. 하지만 그래도 아이가 열심히 했다고 칭찬을 해 주는 것이니 '다음 학기엔 부족한 부분을 좀 보완하면 되겠지.'라는 생각이 든다. 그리고는 역시나 휴가를 생각한다. 적어도 내 경우에는 그랬다. 우선 긴긴 여름 방학을 잘 보내고, 다음 학년의 공부는 새 학기가 다가오는 가을에나 생각해 볼 일이다. 어휘가 갖는 의미와 표현의 힘은 상당히 크다. 같은 점수지만 단어 하나로 아이와 부모가 학업 성과를 긍정적으로 받아들이게 하는 놀라운 효과가 있다.

프랑스의 등급은 어떻게 보면 우리나라의 수·우·미·양·가와 비슷하다. '수'는 빼어나다, '우'는 우수하다, '미'는 아름

답다, '양'은 양호하다 등의 의미가 아닌가? 그런데 실제로 우리나라에서는 '수'보다는 98점인지, 92점인지가 중요하다. 만약 76점으로 '미'를 받으면 그날 집안은 초상집 분위기가 된다. 프랑스에서는 두 번째나 세 번째 등급을 받아도 크게 문제 삼지 않고 넘어가는데 한국에서는 왜 비슷한 구분에 따르면서도 이렇게 다른 장면이 연출될까?

한국의 평균 점수는 세부적인 과목이나 학교에 따라 달라지기는 하지만, 내 경험상 대부분 90점을 넘고 낮아도 80점대는 된다. 하지만 프랑스 아이들의 과목당 평균점은 주로 9~11점에 머무른다. 그러나 보니 10점만 넘으면 평균은 무난히 넘어간다. 20점 만점에 14, 15점을 넘어가면 상당히 공부를 잘하는 학생이고 12, 13점만 돼도 괜찮은 성적이라고 할수 있다. 8, 9점을 받는 학생도 꽤 많다. 바로 이 부분이 커다란 차이다.

어느 나라가 맞는 걸까? 대부분의 학생이 90점이 넘는다면 과연 모두가 빼어난 수준의 학업 성취도를 지니고 있는걸까? 그렇다면 우리나라에는 영재들만 있는 것일까? 가득찬 거품은 부동산뿐 아니라 시험 점수에도 있다.

6. 157센티미터면 내 키는 평균

큰애는 날 닮아 키가 작은 편이다. 많이 관대하게 봐도 크다고 말하기는 어렵다. 만약 아빠 키에 엄마의 피부를 닮았다면 평균 신장에 하얀 피부로 한국에서 일반적으로 말하는 '미인'의 기준에 들어갔을 것이다. 하지만 자연의 섭리는 부모의 바람과는 반대로 엄마의 키와 아빠의 피부를 조합했고, 아이는 까무잡잡한 피부에 작은 키를 갖게 됐다. 프랑스에서 유년기를 보내면서 어릴 땐 동양 아이들이 늘 듣는 '인형처럼 예쁘다'라는 말도 종종 들었지만 지금은 얼핏 보면 농촌에서 밭 매는 아가씨 같다.

한국의 엄마들처럼 나도 아이 키가 평균은 넘었으면 했다. 하지만 태어날 때부터 2.5킬로그램으로 비교적 작았고, 엄마가 항상 일로 바빠 아이의 식사를 제대로 챙기지 못했으니 내 바람이 이뤄졌을 리가 만무하다. 청소년기가 끝날 무렵

나는 큰애에게 "조금만 더 컸으면 좋았을 텐데…."라는 얘기를 몇 번이나 했었다. 재밌는 것은 이에 대한 아이의 반응이었다.

"내 키는 완전 평균이야!"

아이의 키는 157센티미터였고, 그렇다면 평균보다 조금 작은 편 아닐까? 그러나 큰애는 '평균'을 한국인들이 흔히 떠올리는 개념과는 다르게 생각하고 있었다. 우리나라에서는 성인 여성의 평균 신장이 161센티미터라고 하면 그게 100명 중 50번째 사람의 키라고 생각한다. 그래서 키가 160센티미터면 평균보다 작고 162센티미터면 평균보다 살짝 크다고 여긴다.

하지만 큰애는 평균에 대한 개념을 '표준 편차'로 접근한다. 평균값을 두고 그래프의 좌측과 우측에 일정 정도의 편차가 더해져 그 폭 안에만 들어가면 정상인 것이다. 즉, 164센티미터나 157센티미터나 정상 범주에 들어가니 모두 평균이라고 말할 수 있다.

이는 데이터를 분석할 때 매우 당연하고 기본적인 접근법이다. 하지만 우리는 실생활에서 이 방식을 거의 사용하지 않는다. 남들보다 1점이라도 더 받거나, 1센티미터라도 더 커야 안심이 되는 게 한국인의 문화고 인식이다. 우리나라에서 평균은 일정 범위가 아닌, 단 하나의 특정한 숫자다.

그러나 아이 말을 듣고 보니 굳이 아이에게 키가 작다는 인식을 심어 줄 필요가 전혀 없다는 걸 깨닫는다. 어찌 보면 전혀 작은 키가 아닐 수 있다. 사실 160센티미터나 157센티미터나 겨우 3센티미터 차이인데 서로 좀 더 크고 작다고 비교하거나, 더 못 컸다고 속상해하고, 평균이라고 만족한다는 게 웃음이 난다.

평균에 대한 접근 방식이 나와 다른 큰애는 성적에 대해서도, 특히 시험 점수가 안 좋을 때도 비슷한 논리를 폈다. 중간 점수보다 낮아도 긴장할 수준은 아니라는 것이다. 악착같은 성정이 아니라 가끔 아쉬울 때도 있지만, 덕분에 아이는 언제나 여유가 넘친다. 적어도 자신을 달달 볶지는 않으니 정신 상태가 나보다 더욱 건강한 게 분명하다. 아담한 키에 발매다 온 것 같은 까무잡잡한 피부, 거기에 퍼석거리는 곱슬머리를 손질 없이 치렁치렁 그대로 다니면서도 큰애가 외모 스트레스 없이 여유롭고 편안하게 자랄 수 있었던 이유는 우리와는 다른 프랑스식 평균 개념 덕분이다.

7. 제일 좋은 대학은 존재할 수 없다

"프랑스에서 제일 좋은 대학교는 어디일까요?"

주변에 프랑스인 친구가 있다면 누구나 한번 던져 봄 직한 질문이다. 어떤 답이 돌아올까? 감히 추측하건대 상대방은 '도대체 이 사람이 무슨 소리를 하는 거지?'라고 속으로 중얼거리며 어리둥절한 표정을 지을 것이다. 유명 정치인과 대통령을 배출한 국립 행정학교École Nationale d'Administration를 말할 것인가? 아니면 에콜 폴리테크니크나 에콜 노르말 쉬페리외르École Normale Supérieure? 또는 13세기부터 있었던 소르본 대학교 Sorbonne Université?

여기에 정답은 존재하지 않는다. 어떤 분야인지 명확히 정해 주지 않으면 답을 할 수 없기 때문이다. 정치, 과학, 역사 등 분야마다 내학교의 성격이 다 다르고 세부 학문에 따라 또 다르다. 과학 분야를 콕 집는다 쳐도 유전학, 항공학, 컴퓨터 공학 등 각 분야마다 우수한 학교가 따로 있다. 우리나라처럼 무조건 서울대가 일등이고 그다음은 연세대나 고려대라고 줄을 세우는 것은 불가능하다.

나는 파리 8대학교Université de Paris VIII에서 건축학 박사 학위를 받았다. 그렇다면 파리 8대학교는 과연 좋은 대학일까, 아니면 그저 그런 대학일까? 내가 말할 수 있는 것은 '파리'라는 이름 아래 1대학교부터 13대학교까지 있는데, 그중 '건축학'으로 박사 학위를 받을 수 있는 유일한 학교가 파리 8대학교라는 것이다. 사실 입학, 수업과 논문 지도 등 박사 과정의 전반적인 부분은 모두 파리 벨빌 건축학교École Nationale Supérieure d'Architecture de Paris-Belleville에서 이뤄지지만, 그곳에서는 박사 학위를 수여하지 못하기 때문에 파리 8대학교와 연계해 박사 과정이 진행된다.

만약 내가 남들이 이름을 다 아는 소르본 대학교에서 학위를 받고 싶었다면 지리학이나 예술학, 또는 철학 등 그 학교에 개설된 과정으로 들어가 건축을 그 분야의 관점에서 공부해야 했다. 그렇게 받는 박사 학위는 건축학이 아닌 지리학또는 예술학이었을 것이다. 학위를 받은 지 벌써 15년이 지났으니 지금도 그때와 같은지 확실하지 않지만 적어도 내가 공부할 당시의 상황은 그랬다.

그렇다면 다시, 내가 학위를 받은 파리 8대학교는 좋은 학교일까? 파리 8대학교는 상당히 유명한 학교다. 내가 만약 누군가에게 학교의 유명세를 알리고 자부심을 가지려 한다면 내세울 인물이 있다. 바로 20세기 후반 프랑스 최고의 사상가이자 철학자인 질 들뢰즈Gilles Deleuze다. 그는 바로 이곳에서 교수로 재직하며 후학을 양성했다. 그러나 내가 파리 8대학교를 간 이유는 질 들뢰즈나 학교가 유명하기 때문이 아니라, 순전히 '이곳에서만' 내가 원하는 공부를 할 수 있기 때문이었다.

학교마다 비슷비슷한 과가 있는 한국에서는 일괄적으로 학교 간판 줄 세우기가 가능하다. 그러나 프랑스는 학교마다 개설된 과가 다르고 커리큘럼이 천차만별이다. 공부하고 싶은 분야에 따라 자신이 원하는 과정이 있는 학교를 꼼꼼히 찾아야 한다. 앞에서 얘기했던 것처럼 큰딸은 대입을 준비하며 컴퓨터 공학과 생명 공학을 이중 전공으로 공부하고 싶어 했는데, 당시 파리 시내 대학교 중에는 두 전공을 함께 가르치는 곳이 없었다. 어떤 대학교에는 수학과 컴퓨터 공학을 조합한 학과가 있었지만, 아이는 정확히 IT와 생명 공학을 함께 배우길 원했다.

그래서 큰애는 파리 외곽에 위치한 에브리 발데손 대학교Université d'Évry Val-d'Essonne를 선택했다. 이 학교는 세계적으로 매우 높은 학문적 성과를 내는 파리 사클레 대학교Université Paris-Saclay의 멤버이자, 생명 공학과 특히 유전자 공학 분야에서 뛰어난 기관으로 평가받는다. 프랑스 국립유전자염기서열연구소Genoscope도 이곳에 있다. 이런 특별한 배경 덕분에 생명 공학과 IT가 조합된 학과가 있었고, 아이는 주저 없이 이 학교를 선택해 3년간 공부하고 졸업했다.

학교마다 서로 다른 경쟁력을 갖춰 서열화가 없어지는 것은 매우 이상적이지만 한편으로는 비현실적이다. 어떻게 이런 일이 가능했을까?

여기에서 1968년의 이야기를 빼놓을 수 없다. 그해, 유럽은 물론 전 세계를 변화시킨 역사적인 사건이 있었다. 특히 프랑스에서 1968년의 문화적, 사회적 변화의 물결은 '혁명'에 비견될 정도였다. 이때를 기점으로 프랑스의 교육은 평준화되었다.

많은 사람이 이미 알고 있는 것처럼 프랑스의 대학교 명칭은 도시 이름 뒤에 숫자를 붙여 완성된다. 이러한 명칭 개

	12/3	12/4	12/5	12/6	12/7
8:00					
8:30		컴퓨터 능력 자격증 8:30~10:00			생화학 8:30~12:30
9:00					
9:30					
10:00					
10:30		컴퓨터 능력 자격증 10:15~11:45	생물 물리학 10:15~11:45	생화학 10:15~11:45	
11:00					
11:30					
12:00				영어 12:00~13:30	
12:30					
13:00			C 언어 13:00~14:30		C 언어 13:00~14:30
13:30					
14:00					
14:30					
15:00		생물학 적용 수학 분석 14:45~16:15	C 언어 14:45~16:15	생물학 적용 수학 분석 14:30~16:00	C 언어 14:45~16:15
15:30					
16:00					
16:30		생물학 적용 수학 분석 16:30~18:00	생화학 16:30~18:00	생물학 적용 수학 분석 16:15~17:45	
17:00					
17:30					
18:00					

■ 수업 이해 및 문제풀이　■ 실습, 실험　■ 강의 및 기타

큰아이의 2018년 49번째주 대학교 수업 시간표

시간표는 매주 바뀌었다. 다행히 이 주에는 월요일 수업이 없었지만 대부분 주 5일 내내 수업이 가득했다. 15개의 과목을 수강했고 수업은 주로 아침 8시 반에 시작해 저녁 6시에 끝났다. 수업은 색인에 표시된 것처럼 다양한 형식으로 길게는 4시간 동안 진행되었다. 과학 분야라 실습이나 개인 지도 과목이 많았고 전공 두 개를 동시에 진행하는 과성이라 아이는 고등학교만큼 빡빡한 시간표로 3년 내내 공부에 매진했다.

편 역시 1968년도 '교육 혁명'에서 이뤄졌다. 이전까지 대학교들은 우리가 알고 있는 것처럼 소르본, 마리 퀴리, 디드로 등 각자 이름을 갖고 있었다. 그러나 변혁의 거대한 물결 속에 평등하고 균형 잡힌 사회를 만들자는 움직임이 대학교에도 영향을 끼쳤고, 그 결과 프랑스 정부는 국립 대학교에 한 해 기존의 고유한 이름 대신 도시명에 숫자를 붙여 명칭을 단순화했다.

프랑스의 각 대학은 서로 다른 교육 프로그램과 학과를 운영한다. 우리나라는 서울대, 연세대, 세종대, 충남대, 경북대 등 모든 학교에 동일하게 국어국문학과, 수학과, 사회학과, 건축학과가 있어 서열화가 진행될 수밖에 없다. 만일 문학 계열과 이와 연관된 문화학과는 세종대에만 있고, 사회학과 예술학은 서울대에만, 항공우주학은 부산대에만 있다면? 해당 전공을 원하는 학생은 그 학교에 갈 수밖에 없다. 물론 이는 학생들이 입학 전에 전공을 선택한다는 전제 조건이 있어야만 가능하다.

뒤에서도 이야기하겠지만 프랑스에도 명문 대학이 있다. 하지만 특정 분야에서만 명문으로 꼽힌다. 입학생이 수십에서 많아야 백 명 초반에 그치는 소수 정예 교육 기관들이다. 프랑스 대혁명 때부터 자리를 잡아 온 정치, 경제, 과학 분야 등 몇몇 특수 학교가 있고, 그 학교의 졸업생들은 큰 자부심을 갖고 대부분 사회 요직에 진출하지만, 모든 똑똑한 학생들이 그 학교에 들어가기 위해 앞다퉈 경쟁하지는 않는다.

가끔 우리나라 사람들이 프랑스인들보다 외모에 훨씬 더 치중하고 집착한다고 느낀다. 다 비슷하고 고만고만하기 때문에 서로 비교하는 마음이 생기고, 비교가 가능해서일 것이다. 하지만 라틴계, 아랍계, 흑인, 아시아인, 코카서스인이 뒤섞여 있는 프랑스 거리를 거닐다 보면 각자의 개성이 너무 강해 누가 더 예쁘다고 단정짓기 어렵다. 각자 취향에 맞는 사람이 예뻐 보일 뿐이다.

한국의 교육 현실도 비슷하다. 고만고만하고 엇비슷한 조건을 만들어 놓으니 필연적으로 줄 세우기 현상이 나타난다. 저마다 다른 조건과 특성을 내세우면 그 속에서 줄을 세우는 것은 아무런 의미가 없다. 1968년 프랑스에서 교육 혁명을 이끌었던 사람들은 자신들이 새로운 시대를 열었다고 느낀다. 자부심 가득한 그들은 진정 새로운 세상을 열었다.

8. 네 번의 방학과 35일 유급 휴가

프랑스 학교에는 한 해 다섯 번의 방학이 있다. 한 학년은 9월 초에 시작해 다음 해 7월 초에 끝나고, 학년이 진행되는 와중에 연도가 바뀌니 학년도를 표시할 때 언제나 두 해가 연달아 쓰인다.

아이들은 9월 첫째 주부터 학교에 다니다가 10월 말에서 11월 초까지 한 주에서 열흘 정도의 방학을 맞이한다. 루쌩Toussaint이라는 공휴일인데, 10월 마지막 날이 할로윈인 걸 떠올리면 어떤 성격의 기념일인지 연상할 수 있다. 한국말로 굳이 표현하면 '만성절'이라고 하는, 모든 성인을 기리는 날이다. 유럽은 가톨릭 기반의 국가가 많고 프랑스도 마찬가지다. 그래서 많은 휴일이 가톨릭 성인들과 연관돼 있다.

앞에서 얘기한 것처럼 프랑스는 가을만 되어도 이미 해가 짧아지기 시작한다. 10월 말이 되면 늦은 오후부터 슬슬

어둑해진다. 매일 아침 일찍 일어나 저녁 5~6시까지 학교에서 공부하고 틈틈이 쉬는 시간마다 뛰어놀다 보면 아이들의 체력도 떨어지기 시작한다. 그래서 일주일에서 열흘 정도의 방학 기간에 아이들은 충전의 시간을 갖는다.

다음 방학은 크리스마스 전후로 이어진다. 이때가 가장 즐거운 시즌이다. 많은 프랑스인이 가족을 만나러 휴가를 떠난다. 기간은 보통 2주 정도다. 아이들뿐만 아니라 직장인 대부분이 휴가를 가기 때문에 유럽에서 12월 마지막 두 주에는 사실상 업무가 마비된다고 생각하면 속 편하다. 간혹 우리나라 공무원들이 1년 내내 미뤄 둔 여비를 처리하려고 연말에 해외 기관에 연락해 급하게 출장 일정을 세우기도 하는데, 12월 중순이 넘어가면 일정을 잡는 것 자체가 불가능하다.

크리스마스에 잔뜩 선물을 받고 휴가를 다녀오면 새해가 시작된다. 7주 정도 학교에 다니고 나면 또다시 2월 하순에 2주일가량의 방학이 있다. 딱히 어떤 종교 기념일과 연관돼 있지 않은 온전한 방학이다. 이즈음 아이들은 해를 넘겨 이어지는 시험, 숙제, 학교생활에 물려 한다. 감초 같은 휴식을 즐길 때다. 춥고 긴 겨울을 버텼으니 재충전도 필요하다.

다음은 4월 부활절 방학이다. 독실한 기독교 신자도 아니고 설령 예수의 부활을 믿거나 기뻐하지 않는다 해도 부활절이 기다려질 것이다. 이 시기 유럽에는 아름다운 봄이 시작되고 곳곳에 파릇파릇한 생기가 감돈다. 상점마다 토끼, 다람쥐, 달걀 등 온갖 모양의 초콜릿을 판다. 정원이 있는 집에서는 각양각색의 초콜릿과 선물을 뜰에 숨겨 놓고 아이들이 찾게 한다. 2주간의 부활절 방학은 반년 이상 학교를 다닌 아이들에게 잠시 쉼과 여유를 준다.

부활절 방학이 지나면 곧 학년을 마무리 짓는 시험이 잔뜩 기다리고 있다. 6월에 시험을 치르고 나면 7월 초에 아이들은 한 학년을 마무리하고 가장 긴 방학을 맞는다. 두 달이 조금 못 되는 여름 방학이다.

즉, 프랑스에는 6~7주마다 네 번의 짧은 중간 방학이 있고 학기가 끝나면 긴 여름 방학이 이어진다. 이쯤에서, 아이를 키워 본 부모는 잘 안다. 방학 기간이 가장 힘들 때라는 것을. 직장에서 일하는 부모는 아이의 생활을 챙겨 줄 수 없어 애가 타고, 가정에서 아이를 돌보는 부모 역시 끼니마다 식사를 챙기고 실랑이를 벌여 힘들다.

그럼 프랑스에서는 이렇게 긴 방학 동안 아이들이 무엇을 하며 지낼까? 답은 아주 간단하다. 아이의 방학에 맞춰 부모도 휴가를 쓰고, 온 가족이 함께 바캉스를 간다. 직장에 다니는 부모의 휴가 일수가 넉넉하게 보장돼 있기 때문이다. 프

폴 베르(Paul Bert) 중학교의 학년 말 공연 장면
시청 공연장에서 열린 공연으로 거의 모든 학부모가 아이의 모습을 보러 자리를 가득
메웠다. 아이들은 이 자리에서 연극, 발리우드 댄스, 노래, 탭 댄스 등 자신이 준비한
퍼포먼스를 선보였다.

빅토르 뒤휘 중학교 연극 공연
7월 초부터 프랑스의 학교들은 긴 여름 방학에 돌입한다. 그 직전인
6월에는 학년을 마감하는 여러 발표회가 열려 지난 한 해를 마무리
짓는다.

랑스는 법적으로 35일의 유급 휴가를 보장한다. 35일은 가장 기본이 되는 날짜고, 회사마다 휴가를 더 주기도 한다. 내가 연구년을 보냈던 파리 아비타Paris-Habitat 같은 경우 직원이 이사를 하면 이틀의 유급 휴가를 주었고, 근속 년수에 따라 이런저런 명목의 휴가를 추가로 줬다. 시청에 다니는 한 친구는 휴가 일수가 거의 50일에 가까웠다.

근무 일수로 따지면 주 5일을 근무하니 50일의 휴가가 주어지면 10주 연속으로 쉴 수 있다. 그러니 아이들 방학 기간에는 부모도 눈치 보지 않고 일주일, 열흘씩 휴가를 간다. 거의 40~50일에 가까운 유급 휴가를 주는데 과연 일은 어떻게 하고, 소는 누가 키우는지 궁금증이 생기지만 프랑스의 노동 생산성과 각종 경제 지표는 우리나라보다 높다. 휴가가 많아도 회사와 사회는 잘 굴러간다.

휴가 이야기가 나왔으니 한마디 첨언해야겠다. 프랑스인들은 휴가를 위해 산다고 해도 과언이 아니다. 대학교는 7월 중하순부터 8월 마지막 주 직전까지 아예 닫아 버리는 경우가 많다. 관공서와 일반 학교도 마찬가지다. 모든 사람이 휴가를 떠나는 것이다. 그렇다면 일 처리는 어떻게 할까? 여유를 갖고 그 기간이 지나서 하면 된다.

몸이 아파 하루짜리 휴가계를 내는 것도 눈치 보이는 한국에선 꿈같은 소리다. 병가가 제도적으로는 존재하지만, 머리가 아프고 몸이 으슬으슬하다고 당당히 병가를 내고 쉬는 사람이 과연 얼마나 될까? 지금 내가 다니는 회사는 사원들의 복지가 잘 갖춰진 편이지만, 큰 질병에 걸려 진단서를 발급받지 않는 이상 당당하게 병가를 내 본 기억이 없다. 늘 개인 연차를 사용한다. 그러다 보면 정작 아이와 보내기 위한 휴가는 며칠 안 남는다. 한국에서, 아이는 방학만 되면 햇반으로 끼니를 때우고 혼자 우두커니 빈집을 지켜야 했다. 눈을 뜨면 엄마 아빠는 보이지 않고 밤이 되어야 돌아왔으니.

아이가 아플 때 눈치 보지 않고 휴가계를 낼 수 있고, 방학에 맞춰 부모가 함께 쉬며 아이를 돌볼 수 있도록 제도가 잘 갖춰진 덕분인지 프랑스 여성 1인당 출산율은 2018년 기준 1.84명으로 우리나라보다 훨씬 높다. 우리나라도 출산율을 높이고 싶다면 사회 전반적으로 제도 개선이 필요할 것이다. 일회적인 비용 지급보다는 아이가 아플 때나 방학 또는 방과 후에 부모가 직장 눈치를 보지 않고 휴가를 낼 수 있는 분위기와 환경을 조성해야 한다. 휴가를 내지 못해 열이 펄펄 끓는 아이를 빈집에 혼자 두고 출근해 본 부모라면 우리나라에서 아이를 키우는 것이 얼마나 극한에 가까운지 다들 공감할 것이다.

5장

프랑스 교육
VS.
IB 시스템

프랑스의 고등 교육 체계는
지나치게 세부적이고 기관마다
특화돼 있다. 프랑스인조차 학위
과정의 이름과 성격을 명확히 알기
어렵다고 하소연할 정도다.

그러나 수많은 선택과 고민,
그리고 노력 끝에 학생들은
자신에게 꼭 맞는 분야와 전공,
그리고 직업을 찾아간다.

1. 복잡함의 끝판왕, 대학 교육

나의 두 아이는 프랑스 교육 제도 안에서 편안하고 자유롭게 자랐다. 한국의 공교육 시스템에서 공부했다면 이 정도로 다양한 경험과 활동을 하지 못했을 것이다. 아이들이 또래 한국 아이들과 사뭇 다른 모습으로 자랄 수 있었던 데에는 프랑스 교육이 한몫했다.

프랑스 대학 체계는 앞서 언급한 것처럼 매우 복잡하다. 이미 고등학교 교육 과정부터 분야마다 전문화되어 제각각 특성을 갖는데, 대학 과정으로 들어가면 한눈에 체계를 파악하기 어려울 정도로 더욱 세밀해진다. 프랑스의 전반적인 학제는 유치원부터 고등학교까지 3, 5, 4, 3년으로 구성된다. 그후 바칼로레아를 취득하면 대학에 진학할 수 있는데, 일반적인 대학 외에 명칭과 기간도 천차만별인 다양한 교육 기관이 존재한다.

프랑스에서도 우리나라의 대학교에 해당하는 '위니벡시테Université'가 고등 교육의 기본 축이다. 그러나 과거부터 미술, 건축과 같은 예술 분야의 실기를 중점적으로 가르치는 오랜 전통을 지닌 교육 기관은 학교를 뜻하는 '에콜École'이라는 명칭을 사용한다. 대표적으로 미술학교인 '에콜 데 보자르École des Beaux-Arts'가 있다. 최고 명문 학교인 그랑 제콜Grandes Écoles들도 '학교'라는 명칭을 그대로 쓰고 있다. 이들은 대학교라는 명칭을 사용하지 않을 뿐 대학과 동등한, 또는 그 이상의 학력 자격을 인정받는다.

프랑스의 고등 교육을 받는 학생들의 학제는 '박Bac+숫자'로 표시된다. 이는 특정 교육 과정을 마쳤을 때 인정되는 학력이자 상위 교육 과정에 입학하기 위해 요구되는 자격을 의미한다. 가장 기본이 되는 대학교를 예로 들겠다. 프랑스의 대학 학제는 앞서 말했듯이 3년이다. 3년간 열심히 공부해 대학교를 졸업하면 우리나라의 학사에 해당하는 리성스Licence와 박+3의 자격을 인정받는다. 그다음 이어지는 석사 과정 마스테흐Master는 대부분 2년에 거쳐 진행되니 석사 학위를 받으면 박+5의 자격을 얻는다. 이 학위를 취득하면 박사 과정에 지원할 수 있는 자격을 갖춘 것이다. 박사 과정은 여기에 다시 3년이 더해지므로 박사 학위인 독토라Doctorat를 받으면 박+8의 자격을 지니게 된다.

　여기까지가 일반적인 설명이고, 지금부터 큰아이를 통해 알게 된 공학과 과학 분야에 대해 세밀하게 말해 보겠다. 공학이나 과학 분야에서는 대학교 2학년 이상 학생들만 엔지니어학교에 입학할 수 있다. 엔지니어학교는 공학 분야에 특화된, 우리나라로 치면 일종의 산학 연계 대학원 과정이라 보면 된다. 기업과 밀접하게 연계돼 있고, 덕분에 많은 학생이 기업에서 제 분야의 전문가 대접을 받으며 일과 학업을 병행한다.

　엔지니어학교는 고급 교육 과정으로 학비가 일반 대학의 수십 배다. 그러나 근무와 학업을 병행하기에, 기업이 학비를 부담하고 학생은 별도의 급여도 받는다. 일반적인 석사 과정과 가장 큰 차이점은 기업에서 요구하는 전문 분야 지식을 중점적으로 파고든다는 것이다. 당연히 졸업 후에는 좋은 대우를 받으며 전문 엔지니어로 취업할 가능성이 크다. 이런 식으로 석사 과정을 마치면 다른 석사들과 마찬가지로 박+5 자격을 얻는다.

　그리고 우리나라의 전문 대학과 유사하게 기술 전문 지식을 공부하는 과정Diplôme Universitaire de Technologie이 있다. 이곳을 졸업하면 박+2의 자격을 받고 곧장 취업으로 연결된다. 이외에도 기술 분야의 전반적인 학문을 다루는 기술 분야 대학 교육Institut Universitaire de Technologie 과정이 있다. 이들은 대부분 대학교 안에서 진행되지만 학위 과정과 수업 특성이 모두 조금씩 다르다.

한편 고등학교를 졸업했지만 계속 남아 공부하는 학생들도 있다. 바로 그랑 제콜 준비반Classe Préparatoire aux Grandes Écoles 이다. 이들은 고등학교를 졸업한 후 바로 일반 대학에 진학하지 않고 2년간 자신이 원하는 그랑 제콜 콩쿠르를 준비한다. 그렇다면 이들은 고등학생일까? 엄밀히 말하면 '고등학교에 속한 대학생'이라고 볼 수 있다. 준비반 과정을 마치면 박+2의 자격을 받는다. 그랑 제콜은 엄격하게 통제된 공간에서 시험을 치러 입학생을 선발하는데 이때 응시자가 느끼는 중압감은 수능보다 더했면 더했지 덜하지는 않을 것이다.

마지막으로 의대와 약대가 속하는 건강 학위 과정이 별도로 있다. 이 과정은 얼마 전까지는 입학 후 기본적으로 1년간 '파세스'라는 공통 교육을 거쳤지만, 현재는 일부 바뀌었다. 의학 관련 과정에서는 전공에 따라 학위와 교육 기간이 달라진다. 프랑스의 박사 학위는 일반적으로 박+8로 인정받는데, 일부 건강 분야 학위는 이 숫자를 넘기도 한다.

대학교, 에콜, 엔지니어학교, 기술학교, 건강 학위 과정.

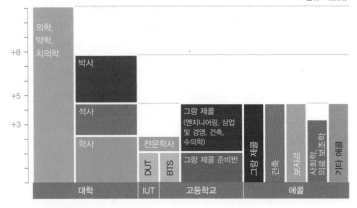

단위: 박(Bac)

분야별 고등 교육
일반 대학, 기술 분야의 IUT, 그랑 제콜 진학을 위한 준비반, 실기 중심의 미술학교,
건축학교 등으로 구분된다.

출처 : institut-agro-rennes-angers

하나하나 나열하기도 힘든데 석박사 과정까지 서로 얽히고
설킨 프랑스의 고등 교육 체계는 지나치게 세부적이고 특화
돼 있다. 프랑스인조차도 학위 과정의 이름과 성격을 명확히
알기 어렵다고 하소연할 정도다. 그러나 이 복잡함 속에서 서
로 긴밀하게 연결되고 분야를 넘나든다. 그래서 많은 학생은
대학에서 엔지니어학교로, 또는 의대 과정으로, 다시 일반 석
사 과정으로 온다. 수많은 선택지 사이에서 고민하고 노력
하며 학생들은 자신에게 꼭 맞는 분야와 전공, 그리고 직업을
찾아간다.

2. 엘리트는 그냥 만들어지지 않는다

프랑스에도 매우 제한된 극소수의 인원만 입학하고, 졸업하면 사회의 특권 계층으로 연결되는 엘리트 교육 기관이 있다. 앞서 수차례 설명한 그랑 제콜이 대표적이다. 그랑 제콜은 고등학교를 졸업하고 다시 2년간 준비해 엄격한 콩쿠르를 거쳐 입학한다. 그랑 제콜 준비반에 입학하는 것 자체도 쉽지 않다. 준비반이 있는 학교들 간에도 명확한 서열이 있다.

우리나라에서는 흔히 서울대학교를 어느 정도의 사회적 지위를 보장하는 최고의 교육 기관이라고 생각한다. 하지만 다시 한 번 생각해 보자. 과연 그럴까? 서울대학교의 한 학년 재학생 수는 3천 명이 넘는다. 학과마다 편차도 크다. 전망이 창창하고 인기 있는 전공과 그렇지 않은 전공을 4년간 공부한 학생들 사이에는 사실상 상당히 큰 차이가 생기고 전혀 다른 앞날이 펼쳐진다.

그러나 프랑스의 그랑 제콜은 조금 다르다. 학교당 선발 학생 수는 적게는 수십 명에 그친다. 분야별 인원을 다 합산해도 천 단위를 넘지 않는다. 또한 그랑 제콜마다 순수 과학 및 공학, 경제학 및 상업 계열, 행정 학교 등 각각 정해진 분야의 학생만 선발하기 때문에 졸업 간판을 얻겠다고 무작정 아무 학과라도 들어가는 일은 불가능하다.

우리나라에도 잘 알려진 그랑 제콜, 국립 행정학교를 예로 들어 보겠다. 흔히 약자로 에나ENA, École Nationale d'Administration 라고 부른다. 프랑스의 대통령 4명과 총리 9명을 배출한 이 유서 깊은 학교는 그랑 제콜 가운데 그나마 최근에 설립됐다. 1945년 당시 대통령 샤를 드골이 전문적으로 고위 공직자를 육성한다는 교육 목표하에 세웠다. 이 학교는 매년 단 80명 정도의 소수 인원만을 선발한다.

그러나 대부분의 그랑 제콜은 프랑스 대혁명 이전이나 나폴레옹 시대에 세워져 이보다 훨씬 오랜 역사를 자랑한다. 과학 분야 최고 석학들이 모이는 에콜 폴리테크니크는 1794년, 파리 국립 고등광업학교École Nationale Supérieure des Mines de Paris는 1783년, 에콜 노르말 쉬페리외르는 1797년에 설립되었다. 그 외에도 토목 분야 최고의 엔지니어를 양성하는 국립 고등교량도로학교École Nationale des Ponts et Chaussées는 1747년에 설립됐다.

대부분의 그랑 제콜은 18세기 후반에 탄생해 오늘날까지 그 명성을 이어 가고 있다. 이들 학교의 홈페이지를 방문하면 졸업생 출신 노벨상 수상자의 이름과 수가 적혀 있다. 다수의 수상자를 배출한 학교도 여럿 있어 세계 과학 분야를 그랑 제콜 졸업자들이 선도했다는 것을 알 수 있다.

유학 시절, 내가 처음 다녔던 건축학교는 국립 고등교량도로학교 건물 바로 옆에 있었다. 때마침 국립 고등교량도로학교 교수님 한 분이 건축 구조 수업을 진행했다. 그는 매 수업 명쾌하고 자신감 넘치는 동시에 차가운 듯 칼칼한 인상을 줬다. 센강에는 교수님이 디자인한 솔페리노 다리가 있어, 그곳을 건널 때마다 수업의 기억이 생생하게 되살아나곤 했다. 그 교수님은 건축 구조는 물론, 철학 학위까지 지닌 보기 드문 수재였다. 국립 고등교량도로학교는 공학 분야의 인재들이 모인 곳이지만 흥미롭게도 졸업생의 상당수가 고위 공직에 진출하거나 교수님처럼 대학 교편을 잡는다.

상경 계열에 특출한 학생들이 공부하는 파리 고등상업학교École des Hautes Études Commerciales de Paris도 있다. 이 학교는 명칭만 보면 우리나라의 상업고등학교를 연상시킨다. 1889년에 설립된 이 학교는 명문 중 명문으로 학생들은 졸업 후 사회에 진출해 경제·경영 분야에서 최고 대우를 받는다. 프랑스 고등 교육 기관의 순위는 졸업생이 받는 급여와 취직률로 정리되는데, 파리 고등상업학교는 졸업장만으로도 일반 학교 졸업생의 두세 배가 훌쩍 넘는 높은 연봉이 보장된다.

그랑 제콜은 국가의 미래를 위한 수재를 길러 내는 곳이다. 극도로 치열하고 어려운 콩쿠르를 뚫어야 입학할 수 있기에 그에 따른 보상도 존재한다. 입학생들은 국가의 미래를 책임지고 봉사한다는 학교 설립 취지에 걸맞는 대접을 받는다. 큰애의 친구 중 한 명이 그랑 제콜 준비반을 거쳐 에콜 폴리테크니크에 합격했는데 입학하자마자 받는 장학금에 주거비까지 포함되어 있었다.

에콜 폴리테크니크의 선발 인원이 매년 정부 시행령으로 공지되는 것을 보면 그랑 제콜이 국가적으로 얼마나 중요한지 알 수 있다. 다음의 2020년 선발 인원은 2019년 11월 28일, 시행령으로 정해져 발표되었다.

다른 그랑 제콜들 역시 분야별 입학 정원이 극소수다. 50명에서 많아야 80명, 경우에 따라서 단 2명을 뽑는 곳도 있다. 그러니 그랑 제콜 졸업생들의 자부심은 우리나라 명문대생과는 비교도 되지 않는다. 에콜 폴리테크니크나 국립행정학교 졸업생들만을 칭하는 명사와 형용사까지 따로 있을 정도니.

전공		선발 인원
수학-물리	컴퓨터 옵션	102
	엔지니어 과학 옵션	80
물리-화학		130
물리-엔지니어		57
생물, 화학 지구과학		13
물리-기술		11
기술-인더스트리얼 과학		2
프랑스 대학 부문		30

에콜 폴리테크니크의 2020년 선발 인원
출처 : legifrance.gouv.fr

우리나라와 분명히 다른 점은, 모든 뛰어난 학생이 한결같이 명문 대학교 혹은 의대에 가겠다고 뛰어들지 않는다는 점이다. 프랑스에서는 무엇보다 아이가 자신의 적성을 찾는 것을 중요하게 여긴다. 그리고 아이가 그 분야를 여러 차례 직접 경험해 본 후에 진로를 정하도록 한다. 그래야만 많은 노력이 필요한 교육 과정을 모두 거쳐 공부를 마칠 수 있다는 것을 학생도, 부모도, 선생님도 모두 잘 알고 있기 때문이다.

앞에 설명한 곳 외에도 일반인에게 잘 알려지지 않은 분야별 명문 학교들이 있다. 전기, 항공 등 특수 분야에 대한 엔지니어학교도 소수의 뛰어난 학생들을 선발한다. 이런 명문 학교 학생들은 유급하지 않기 위해 끊임없이 노력해야 한다. 그러나 졸업하면 분야 최고의 수재라는 평가를 받고 동시에 밝은 앞날이 보장된다. 프랑스 엘리트 교육의 지향점은 무엇보다 전문성이다. 수많은 학과가 모여 있는 일반적인 대학 과정과는 달리 엘리트 양성 시스템은 전통과 실용이 공존하는 프랑스 사회의 다면적인 모습을 그대로 투영하고 있다.

그랑 제콜 엿보기

그랑 제콜은 최고의 인재들을 양성하는 고등 교육 기관이다. 이른바 '대학 위의 대학'으로 널리 알려져 있다. 바칼로레아에서 우수한 성적을 거둔 고등학생 중에서도 그랑 제콜 입학을 원하는 학생들만 모아 2년 동안 그랑 제콜 준비반에서 공부한 뒤 시험을 치르게 된다.

국립 고등교량학교
1747년에 설립된 프랑스의 공립 공학 분야 그랑 제콜로, TIME 연합 및 파리 공과대학교(ParisTech)의 일원이다.

ⓒSmapse

파리 고등상업학교
1881년 파리에 세워졌다가 1964년 외곽으로 옮긴 프랑스 최상위권 그랑 제콜이다. 경영학 석사와 MBA 및 EMBA 프로그램, 경영진 교육 프로그램 등을 제공한다. 전문 금융 인력과 기업 간부를 양성하기 위해 설립되었다.

ⓒJérémy Barande

© David Delaporte

에콜 폴리테크니크

프랑스 유수의 명문 대학 중 최고로
꼽히는 학교다. 1794년 설립됐으며
1804년에는 나폴레옹 1세 휘하의
사관학교로 바뀌었다. 이 학교는 과거
시대의 변화를 반영하는 다양한 제복을
입었고, 오늘날도 퍼레이드나 주요 행사
때는 역사적 사연을 간직한 제복을
입는다. 학사 과정은 3년제이며, 4년제
엔지니어 프로그램은 이곳의 독특한
석사 과정이다.

© David Monniaux

3. 시작점이 달라도 의사가 될 수 있다

어느 나라나 의대 진학을 꿈꾸는 열정적인 학생들이 있다. 프랑스도 크게 다르지 않다. 큰애의 친구 중에는 의대에 진학한 친구가 넷이나 됐지만, 모두 2학년으로 진급하지 못하고 전공을 바꿨다. 딸애와 같이 입학한 동기들 중 거의 절반 이상이 의대를 2년 정도 다니다 온 친구들이었다. 개중에는 의대 3년 과정을 마쳐 기초 학위를 받은 친구도 있었고, 2년이나 다녔지만 진급하지 못해 학교를 옮겨 와 2년을 또 공부하고, 그럼에도 의료인의 꿈을 버리지 못해 벨기에로 가서 다시 물리치료사 과정을 1학년부터 차근차근 밟는 친구도 있었다.

한국과 마찬가지로 프랑스의 많은 학생이 장래 희망으로 의사, 약사와 같은 전문 의료인을 꿈꾼다. 하지만 두 나라에는 분명한 차이점이 있다. 프랑스 의대는 모두 국립 대학으로, 졸업 정원과 학위를 정부가 철저히 관리한다는 것이다.

그래서인지 사실상 의대 간의 우열이 크게 존재하지 않는다.

수많은 학생이 의료인의 꿈을 꾸며 많은 시간을 투자해 공부하지만 울며 겨자 먹기로 고배를 마시는 일이 매년 비일비재하자 2020년 프랑스 정부는 의료 분야 교육 시스템을 대대적으로 개편했다. 2018년 큰딸이 대학에 지원할 때도 프랑스의 대입 체계는 대수술이 진행되었지만, 겨우 2년이 지난 시점에 또 의료 분야 입학 및 교육 과정이 크게 바뀐 것이다.

앞서 설명했던 기존의 '파세스'는 기본 과정을 모두 밟은 학생들 중 상당 비율이 탈락하고 입학생의 10~30퍼센트 정도만 합격하는 구조였다. 이 때문에 수많은 학생이 시간을 헛되이 날리곤 했다.

그러나 이제 학생들은 '파스Parcours d'Accès Spécifique Santé, PASS'와 '라스Licene Accès Santé, LAS'로 입학 과정에서부터 구분된다. 파스는 의학Médecine, 조산술Maïeutique, 치의학Odontologie, 약학Pharmacie, 물리치료학Kinésithérapie 등의 학문으로 직접 연결된다. 이를 모두 묶어 약자로 'MMOPK'라고 부른다.

파스 과정을 거치면 의사 학위 시험을 치르지 않고 학위 자격을 받을 수 있고, 라스는 학사 학위를 취득한 후에야 의사 학위 시험에 응시할 자격을 갖는다. 단, 파스 과정으로 입학한 사람은 유급이 불가능하다. 그래서 1년 후 진급이 안 되면 라스 과정으로 옮겨야만 계속 공부할 수 있다.

　파스 과정은 1학년부터 치열 그 자체다. 1학년 학생들 중 50~60퍼센트만이 겨우 2학년에 올라간다. 20점 만점에 10점 이상의 학점과 과목 이수 기준을 모두 충족해야 MMOPK 과정을 밟을 수 있다. 그러나 기준을 충족시켜도 의사 자격시험에 통과하지 못한 학생은 라스로 넘어가 공부를 계속해야 한다. 반면에 라스 과정에 입학한 학생은 매년 60학점ETCS을 이수해서 3년 후에 의사 자격시험에 응시할 수 있다. 이 시험도 필기와 구두로 진행된다.

　프랑스에서는 첫 장에서 말한 '의대는 삥삥이로'라는 이야기가 이제 더 이상 적용되지 않는다. 그렇다고 우리나라처럼 의학과, 치의학과, 물리치료학과 등 성적순으로 입학생을 선발하지도 않는다. 기본적인 자질이 되는 학생이 입학한 후 학업 성취도에 따라 다시 진로가 구분되고 최종적으로는 '의사 자격 취득'이라는 목표 지점에서 만나는 방식을 적용하고 있다.

　의사가 되기 위한 단기 코스로 보이는 파스 과정에 합격해도 그 학생에게 보장되는 것은 아무것도 없다. 비교적 입학이 쉬운 라스 과정에 합격해도 본인의 노력에 따라 파스 과정

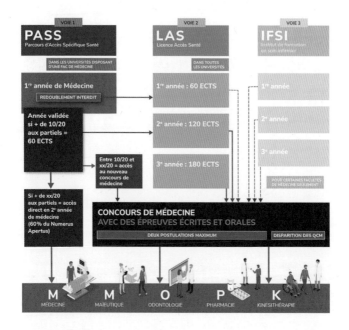

의료 분야 학위 체계

2020년부터 새로 적용되었다. 다양하고 복잡한 체계로 구성돼 있어 한눈에 이해하기
어렵지만 복잡하게 설계된 데에는 나름의 이유가 있다. 시작점이 조금씩 달라도 그
과정에서 공평하게 노력하면 누구나 의사가 될 수 있도록 하기 위함이다.

출처 : cours-thales.fr

학생처럼 의사가 될 수 있다.

그렇다면 이 두 과정이 의사가 되는 유일한 길일까? 그
것도 아니다. 파스와 라스는 서로 밀접하게 연계돼 있지만,
이와 별도로 의사 자격시험을 치르는 과정도 존재한다. 간호
사 교육 과정인 IFSIInstitut de Formation en Soins Infirmiers를 거쳐 자격

시험을 치르고 합격하면 의사가 될 수 있다. 시작점이 조금씩 달라도 그 과정에서 공평하게 노력하면 누구나 의사가 될 수 있는 개방적인 시스템이 구축된 것이다. 이는 말 그대로 '혁신'이다.

4. 확연히 다른 IB 시스템

나의 두 아이는 각각 매우 다른 환경에서 성장했다. 큰애는 생후 10개월에 프랑스로 와서 초등학교 2학년까지 쭉 같은 집에 살았고 주변의 큰 도움 없이 온전히 나와 남편의 손에서 컸다. 아이 입장에서는 비교적 안정적인 성장기를 보냈다고 볼 수 있다. 그러나 우리 부부가 학위를 받고 한국으로 돌아올 무렵에 태어난 작은아이는 미안하게도 언니와 정반대 환경에서 자랐다. 한국으로 오자마자 부모의 직장 문제로 이 동네 저 동네 떠도는 생활을 했다. 학교에서 친한 친구라도 사귀고 정 좀 붙이려 하면 또다시 다른 곳으로 옮겨 가는 생활의 연속이었다. 그 와중에 어처구니없이 전세 사고가 이어져 족히 8~10번은 이삿짐을 싸고 풀었다.

　어릴 때부터 우여곡절을 겪은 작은애는 지금은 IBInternational Baccalaureate, 국제 바칼로레아 과정을 도입한 미국식 학교에 다니고 있다. 덕분에 익숙했던 프랑스 교육 제도에서 벗어나 미국식 교육과 IB 시스템을 직접 경험할 수 있었다. 아이는 2020년 7월 초 프랑스에서 중학교 2학년 과정을 마치고, 같은 해 8월 초부터 IB 방식을 도입한 새 학교에서 중학교 3학년으로 공부를 시작했다. 한 달 만에 갑작스레 마지막 학년이 된 것이다.

이는 두 교육 과정의 차이에서 비롯됐다. 프랑스는 기본 학제가 중학교 4년, 고등학교 3년이다. 프랑스 학제로 따지면 중학교를 2년 더 다녀야 했지만, 새로 옮긴 학교는 다른 학제를 적용해 중학교 3년, 고등학교 4년을 따랐다.

때마침 코로나 사태까지 겹쳐 학교는 정상적으로 운영될 수 없었다. 그렇지만 아이가 온라인으로 수업을 받기 시작하면서 미국식 교육과 유럽식 교육이 크게 다르다는 것을 금세 체감했다. 교과목의 구성, 수업 진행, 시험 및 평가 방식 등 모든 것이 달랐다. 프랑스에서는 존재하지 않던 봉사 활동이나 다양한 참여 활동이 교육 과정과 수업에 포함돼 있었다.

나의 두 아이는 모두 파리에서 공립 학교를 다녔다. 프랑스의 공교육 수준은 상당히 높았기 때문에 굳이 사립 학교를 보낼 이유가 없었다. 그러나 작은애가 새로 들어간 곳은 사립 학교였다. 그러다 보니 학교 시설 규모 자체가 이전과는 비교가 되지 않을 정도로 커졌고 학교의 분위기와 수업 진행 방식, 선생님과 학생의 관계에도 상당히 큰 차이가 있었다.

세부적인 과목 구성도 달랐다. 역사나 지리처럼 일반적으로 구분된 과목을 배우지 않고 휴머니티Humanity라는 과목 안에 여러 분야를 포괄해 가르치고 있었다. 과학이나 수학 등 기초 학문 교육 방식 역시 놀라울 정도로 달랐다. 프랑스에서는 중학교 1학년 때부터 역사와 지리를 세세하고 심도 깊게 가르치고 물리, 화학, 생물, 지구과학 등 과학 과목들을 구분해서 배웠는데, 이곳에선 과학, 휴머니티라는 한 과목 속에 각각 여러 분야와 학문이 포함돼 있는 것이다. 프랑스식 과목 구분에 익숙한 나와 아이에게는 신선한 충격이었다.

처음에는 명칭 자체가 이해가 안 돼서 교육 과정에 대해 아무리 설명을 들어도 무슨 뜻인지 알 수 없었다. 가르치는 목적은 무엇이고 방향은 어디를 향하는지, 아이에게 무엇이 필요한지 파악하기 쉽지 않았다. 여기와 비교하면 프랑스의 수업 방식은 오히려 전통적이라고 할까. 어찌 보면 우리나라와 비슷해서 아이들이 알아서 교과서를 중심으로 공부하면 점수가 나왔는데 IB 시스템은 학교가 원하는 학업 방식과 결과물이 확연히 다르다는 느낌이 들었다.

5. 기준과 시스템이 주는 차이

여자들이 모이기만 하면 어김없이 나오는 대화 주제가 있다. 남자들에게 무언가를 부탁할 때 매우 꼼꼼하고 세세하게 설명하고 요구해야 한다는 것이다. 설거지나 청소를 부탁하면 제대로 안 해 놓고도 다 했다고 하거나, 계속 안 하고 있어 되물으면 조금 이따 하려 했다는 등의 대답이 돌아온다. 그래서 청소를 부탁할 땐 물건을 정리하고 청소기를 민 다음 걸레질까지 해 달라고, 설거지를 부탁할 때 식기를 씻은 뒤 음식물 쓰레기를 버리고 그릇 정리까지 해 달라고 구체적인 순서를 하나하나 설명해 줘야 집안일이 만족스럽게 돌아간다.

둘째가 한국에 와서 경험한 IB 시스템이 바로 그랬다. 아이가 입학하기 전, 신입생을 위한 오리엔테이션이 개최됐다. 한 선생님이 입학생들에게 다소 생소할 수 있는 학업 방식을 청소로 예를 들어 쉽게 설명했다.

"만일 아이에게 방을 치우라고 이야기한다면 어떻게 될까요?"

선생님은 아이가 방을 청소한 후에도 그 방은 엉망인 상태 그대로일 확률이 높다고 했다. 그 이유는 간단했다. 아이에게 방 청소의 의미와 구체적인 기준을 정해 주지 않았기 때문이다. 하지만 만약 아이에게 방을 청소할 때 침대 위 이불을 개서 정리할 것, 바닥에 떨어진 물건을 치울 것, 책상 위 장난감을 모두 상자에 집어넣을 것, 책은 책장에 가지런히 세워서 꽂을 것 등 하나씩 구체적인 기준을 알려 준다면 아이는 요구되는 상황을 훨씬 잘 이해하고 누가 봐도 깨끗하게 방을 정리할 것이라고 했다. 그리고 이것이 바로 IB 시스템에 적용되는 방식이라고 덧붙였다.

이후 학기가 시작되자 아이는 여러 형태의 평가를 받고 시험도 보았다. 처음에는 혼돈 그 자체였지만 한 해가 지나가며 서서히 그 특징을 이해하게 됐다. IB 시스템의 평가 방식은 '총괄 평가Summative assessment'와 '학업 방식 평가Approaches to learning' 등 두 가지로 구분된다.

수학 과목의 예를 들어 보자. 총괄 평가에는 네 가지 기준이 있다. A, B, C, D로 나뉘는데 A는 '지식 및 이해', B는 '유형의 적용', C는 '소통', D는 '실생활에 적용'이다. 이러한 기준에 따라 고루 평가할 수 있는 문제가 출제되고 점수가 산정된다. 그리고 이를 합산해 다시 1~7등급까지로 나눈다. 그 결과가 4점이면 '만족', 5점이면 '좋음', 6점 또는 7점이면 '훌륭함'에 해당한다. 만약 단순한 공식 풀이에는 강하지만 응용문제를 풀지 못한다면 기준 A에서는 높은 점수를 받지만, 기준 D에서는 낮은 점수를 받을 것이다. 좋은 평가를 받으려면 개념의 이해뿐만 아니라 다른 부분에서도 골고루 점수를 받

수학 과목의 총괄 평가 방식

A		B		C		D
지식 및 이해	+	유형의 적용	+	소통	+	실생활에 적용
1-8점		1-8점		1-8점		1-8점

최종 성적
A, B, C, D의 합산 점수를 아래 등급표에 따라 나눔

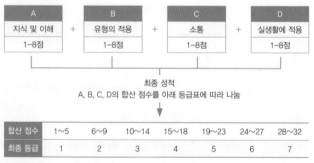

합산 점수	1~5	6~9	10~14	15~18	19~23	24~27	28~32
최종 등급	1	2	3	4	5	6	7

학업 방식 평가

사고력	의사소통	사회적 기술	탐구 기술	자기 관리 기술
1-4점	1-4점	1-4점	1-4점	1-4점

작은딸의 8~9학년 수학 과목에 해당한다.

아야 한다. 이렇게 계산된 7점에 종합적인 평가가 담긴다. 즉, 총괄 평가는 과목별 학습 내용에 대한 이해도를 평가한다.

학업 방식 평가에서는 '사고력', '의사소통', 친구들과 함께 풀이 방식을 논의하는 '사회적 기술', 그 외에 '탐구 기술', '자기 관리 기술' 등이 포함된다. 이중에서 특히 자기 관리 기술이 눈에 띈다. 이는 과제의 마감 기한 엄수 여부, 수업 필기, 파일철 관리 등을 평가하는 잣대다. 보통 점수 자체는 반영되지 않지만 때에 따라 다르다.

프랑스의 시험은 단답형이나 사지선다는 없지만 우리나라의 시험과 유사한 측면도 있다. IB 시스템처럼 명확한 기준이 제시되고 이에 따라 영역별로 체계적인 평가가 진행되지 않는다. 그런 이유로 한국식 교육을 받은 둘째가 프랑스 학교에 적응하는 데에 큰 어려움이 없었지만, IB 시스템은 상황이 달랐다. 이 체계를 이해하는 데에만 1년 가까운 시간이 걸렸다. 개인적으로는 다양한 학문을 접해 심도 깊게 배우고 사고의 수준을 높이 끌어올리는 데에 방점을 둔 프랑스식 교육을 선호하지만, 아이들의 전반적인 학업 성과를 높이는 데에는 IB 시스템이 적합하다는 생각이 든다.

세네 시간 동안 머리를 꽁꽁 싸매고 단 하나의 철학 문제를 서술하거나 겨우 네 개의 연속된 수학 문제를 푸는 것은 어느 정도 수준에 도달하지 못한 아이들에게는 곤욕스러운 일이다. 그러다 보니 프랑스 교실 곳곳에도 '수포자^{수학 포기자}'가 생겨 수업 내내 엎드려 자는 모습을 종종 볼 수 있었다.

그러나 IB 방식처럼 학생들에게 구체적인 지침과 기준을 주고, 요구 사항을 하나씩 충족시키며 단계별로 구성된 다양한 난이도의 문제를 풀게 하면 낙오자 없이, 모든 학생들의 학업 성취도를 높일 수 있을 것 같다.

IB 과정에서 가장 인상적인 점은 대학 학부 과정에 필요한 방법론을 매 수업의 리포트, 과제, 시험에 적용한다는 것이었다. 주석 달기나 출처 인용 및 검토하기 같은, 대학에서 사용하는 방법론을 가르치는 IB 과정은 학생들에게 지식도 전달하지만, 향후 받게 될 상위 교육 과정을 위해 탄탄하게 준비할 수 있게끔 설정되어 있다.

또한 각 과목의 수업 내용이 유기적으로 연결되어 있다는 점이 상당히 놀라웠다. 예를 들어 디자인 시간에는 의자를 디자인하고, 다음 휴머니티 시간에는 이를 판매하기 위한 마케팅 계획을 배우는 식이다. 여러 과목이 하나의 주제로 연결되어 있다. 우리 실생활이 이렇지 않은가? 이렇게 짜임새 있는 수업 방식은 교육이 현실 세계와 어떤 식으로 연결되어야 하는지 알려 준다.

6. MYP에서 DP로

아이들의 보육 시설부터 대학원까지 전 과정을 거쳤고 나와 남편도 프랑스에서 박사 학위를 받았으니 프랑스의 전반적인 교육 제도에 대해서는 생활 속 생생한 경험을 기반으로 자신감 넘치게 이야기를 풀 수 있다. 그러나 IB 시스템은 조금 머뭇거려진다. 겨우 1년 몇 개월의 경험을 기반으로, 단지 한 학교의 사례만을 언급할 수 있기 때문이다. 과정 전반에 대해 말하기도 조심스럽다. 하지만 최근 우리나라에서도 IB 시스템 도입의 필요성이 논의되고 있으니 작은애가 다니고 있는 학교를 중심으로 설명하는 것이 독자들의 교육에 대한 시야를 넓히는 데 도움이 될 것이라 믿는다.

　IB 과정은 PYP Primary Years Program, MYP Middle Years Program, DP Diploma Program 로 구성된다. PYP는 초등학교 과정인 1~5학년, MYP는 중학교인 6~8학년과 고등학교 저학년인 9~10학

년을 아우른다. DP 과정은 고등학교 고학년인 11~12학년으로 대학 입시와 직접 연결된다. 작은아이는 8학년으로 학교에 들어가 지금은 9학년이 되었다. 중학생에서 고등학생으로 넘어갔지만, 아직 MYP 과정에 있다.

아이의 말에 따르면 9학년이 되자 수업 분위기가 확연히 달라지고 시험의 난이도도 높아졌단다. 8학년은 중학교 과정이고 9학년은 고등학교 과정인 탓이다. 같은 MYP 과정이지만, 그 안에서 수업 방식과 평가 방식, 교육 목표 등이 천차만별이다.

과목마다 요구되는 학습량과 과제가 늘어나고 종합 시험 기간에는 과목별로 세 시간 반 동안 평가가 이뤄진다. 어깨 너머로 구경하는 나도 이제 슬슬 대학 입시 준비가 시작된다는 것을 확연히 느낄 수 있다. 아이도 이전과는 다르게 시험에 대한 중압감을 많이 느낀다고 토로한다.

작은애는 아직은 대입 과정인 DP를 준비하고 있다. 본격적인 DP는 11학년부터 시작된다. 아이들은 DP 과정에서 받은 결과를 토대로 자신이 원하는 대학의 문을 두드릴 것이다. 그렇다면 IB 과정의 대입은 어떻게 진행될까?

IB 디플로마학위 수여 증서는 프랑스 바칼로레아와 마찬가지로 냉정한 잣대를 들이댄다. 오직 합격과 불합격만이 존재한다. 디플로마를 받기 위해서는 언어, 지리, 과학, 수학, 예술 분야에 대해 일정 기준 이상의 점수를 획득하고 응시자가 선택한 주제로 에세이를 작성하거나, 데이터나 사례 분석에 대해 문제를 제기하고 이를 해결하는 등 다면적인 평가를 거쳐야 한다.

각 분야에서는 앞서 설명한 '총괄 점수'와 동일한 1~7점까지의 점수를 받는데 합산 24점 이상, 과목마다 최소 3점 이상을 받으면 합격이다. 여기에 에세이나 논술 부분에서 추가로 3점을 얻을 수 있어, 최고점은 45점이 된다. 창의성Creativity, 활동성Activity, 봉사Service 부분도 점수에는 포함되지 않지만 요긴하게 활용된다. DP에서 받은 성적 증서는 세계 유명 대학에 입학할 때도 인정받는다.

IB 관리 기관의 홈페이지에 명기된 바칼로레아 과목을 그대로 옮겨 적으면 다음과 같다.

Oral work in languages 언어 분야의 구두 능력

Fieldwork in geography 지리학 분야의 현장 연구

Laboratory work in the sciences 과학 분야의 실험 연구

Investigations in mathematics 수학 분야의 원리 탐구

Artistic performances 예술 분야의 수행능력 및 작품

여기서 주목할 점은 각 분야의 목표가 단순히 지식을 배양하는 데에 있지 않다는 것이다. 언어의 한계로 완역하긴 어렵지만, 간략히 설명하면 언어 과목에서는 말하고 표현하는 능력을 요구한다. 우리나라 수능에도 듣기 평가가 있지만 한국어, 영어, 제2 외국어의 구두 시험을 치르지는 않는다. 프랑스에서 바칼로레아를 본 큰아이는 영어, 프랑스어, 독일어로 각각 과학, 정치, 문학 등 심오한 주제를 설명하는 시험을 쳤다. IB도 마찬가지의 능력을 요구한다. 만약 모든 언어 과목에 대해 구두 시험을 본다면, 얼마나 많은 한국 학교 선생님들이 해당 언어로 질문하고 학생의 답을 판단할 수 있을까? 궁금증이 생기긴 하지만, 적어도 이 방향이 언어 교육의 목적에 가깝다고 자신 있게 말할 수 있다.

지리학 역시 직접 현장에 적용할 수 있는 능력을 요구한다. 과학도 마찬가지다. 실제 실험실에서의 연구에 집중한다. 수학 또한 탐구 능력을 요구한다. 글로 담긴 지식을 암기하고 단순 문제 풀이를 반복하게 하지 않는다. 바꿔 말하자면, 화학 공식을 달달 외우지만 실험실에서 해열제를 제조하거나 세포를 배양하지 못하고, 문법과 독해에는 탁월하지만 말 한마디 못하는 학업 성과는 의미없다는 이야기다.

IB 과정은 1968년 스위스 제네바에서 시작되었다. 프랑스의 교육 혁명 역시 같은 해에 일어났으니 그해에 세계 교육에 큰 변화가 일어난 것이다. 우연의 일치인지, 시대가 요구한 필연적인 흐름인지 궁금증이 인다. 1968년에 벌어진 일들은 이미 60년 넘게 훌쩍 지난 옛일인데도 말이다.

　　우리나라는 이제 한때 선진국이라 동경했던 나라들과 경제적으로 동등한 위치에 올라섰다. 우리나라 교육의 지향점 역시 이들과 마찬가지로 근본적으로 바뀔 때다. 우리 교육의 방향을 설정하기 위해서는 우선 학생들이 교육을 통해 어떤 능력을 갖추어야 하는지 고민이 필요할 것이다. 그 고민에 대한 답을 찾아가는 과정에서 변화가 시작되어야 한다는 것을 프랑스 교육 과정과 IB 시스템은 알려 주고 있다.

6장

결국
무엇을
지향하는가

부모가 스스로 만족스러운 삶을
추구한다면, 그 과정에서 아이가
자립심과 여유를 갖고 자신의 길을
훌훌 헤쳐 나갈 수 있을 텐데….

그렇다면 우리 사회는 지금보다
조금이라도 더 풍요롭고 따뜻해질
것이라 믿는다.

1. 노란 조끼와 엘리트주의의 종말

10월 하순이 되면 파리의 하늘은 우중충해진다. 이윽고 비가 계속 내리고 축축한, 우울한 계절이 시작된다. 그러나 2018년의 늦가을과 겨울은 달랐다. 프랑스 각지에서 모여든 국민들의 분노에 찬 함성이 파리를 뜨겁게 달궜기 때문이다. 샹젤리제 거리는 물론, 파리 중심가는 화염병과 최루탄으로 곳곳에 상흔이 남고 부상자와 사망자가 속출했다. 국민을 무시하는 정부를 향해 프랑스 서민들은 '질레 존Gilet jaune'을 형성하고 절망에 기반한 분노를 과격한 시위로 표출했다. 우리나라에 '노란 조끼'로 소개된 그 시위다.

마크롱 정부의 유류세 인상이 직접적인 도화선이었다. 이 정책은 도시에 사는 부유층이 아니라 교통 환경이 열악한 변두리 지역에 거주하는 서민들의 세 부담을 가중시킬 게 불보듯 뻔했다. 유류세가 올라도 대도시 거주자는 지하철이나 버스를 타면 그만이지만, 대중교통 인프라가 부족한 지방민들은 출퇴근과 생업을 위해 비싼 기름값을 감당해야 했다. 당연히 서민들의 반발이 거셌지만, 마크롱 정부가 이를 무시하고 정책을 강행하며 문제는 걷잡을 수 없이 커졌다.

하루 벌어 하루 먹고사는 국민들의 분노는 기업 친화적인 정책을 우선하고 서민의 생존권을 등한시하는 마크롱 행정부로 향했다. 시위는 전국 각 도시로 급속히 확산되었고, TV 뉴스와 여러 언론에서는 노란 조끼 운동 지지자들의 생활을 소개했다.

대통령 집무실인 엘리제궁에 가금류를 납품한다는 한 젊은 축산업자는 카메라 앞에서 자신의 처참한 상황을 털어놨다. 내 기억이 맞다면 그는 자신이 프랑스에서 가장 값비싼 최고의 사료로 품질 좋은 닭을 키워 공급하는 사육사인데 한 달 수입이 700유로약 95만원 정도밖에 되지 않는다고 했다. 식비마저 부족해 어머니의 도움을 받아 겨우 생활을 꾸려 가고 있었다. 대통령의 식탁에 올라가는 닭보다도 못한 처지인 셈이었다.

지방 소도시에 살며 아이를 키운다는 한 여성도 비슷한 상황을 토로했다. 동네에 버스가 없어 매일 아이들을 학교에 데려다 주고 출퇴근해야 하는데 기름값이 오르면 가계 전체에 큰 변화가 생긴다고 말했다. 고정된 수입에서 다른 생활비를 줄여야 하기 때문이다. 이런 상황에서 아이들과의 외식은 거의 불가능하다고도 하소연했다.

분노한 국민들은 자신의 마지막 식비와 생활비까지 모두 털어 파리행 열차에 몸을 싣고 뒤틀린 사회를 변화시키기 위해 몰려들었다. 이런 움직임은 지방 곳곳으로 들불처럼 번졌다. 전국 곳곳에서 고속도로 통행을 막는 일도 벌어졌다. 과격 시위는 해를 넘어 계속됐고 '노란 조끼' 시위대의 주장은 정부의 강경 진압에도 쉽사리 사그라들거나 꺾이지 않았다. 결국 유류세 인상안은 폐지되었고 다른 여러 분야에서 양극화와 사회 불균형 문제를 해결하기 위한 노력이 점진적으로 시작되었다.

내가 왜 '노란 조끼' 이야기를 책의 마지막 부분에 소개할까? 당시 운동가들이 요구한 것은 '공정한 사회'였다. 대통령은 2019년 노란 조끼 시위대의 요구를 받아들이고 해결책을 모색하기 위해 마련한 국민과의 대화에서 자신이 졸업한 국립 행정학교 폐지를 약속했다.

국립 행정학교는 프랑스 최고의 엘리트 교육 기관이다. 프랑스 정치는 국립 행정학교 졸업생이 좌우하기 때문에 '에낙쉬Enarchie'라는 표현도 자주 쓰일 정도다. 국립 행정학교

'ENA'와 왕정을 뜻하는 '모낙쉬Monarchie'를 합친 단어로, '국립 행정학교 출신이 통치하는 왕국'이라는 뜻이다. 암암리에 계층이 구분되어 있는 프랑스에서 과연 아이가 열심히 노력한다고 그랑 제콜에 입학할 수 있을까? 이미 짐작하겠지만, 전혀 그렇지 못하다.

과거에는 국립 행정학교에 서민 가정의 아이들도 종종 입학했고, 계층 사다리 역할을 톡톡히 수행했다. 그러나 오늘날에는 오히려 상류층의 권력만 견고하게 하며 계층 이동을 차단하는 장치로 작용하고 있다.

마크롱은 노란 조끼 시위대가 요구한 국립 행정학교 폐지와 서민 가정의 아이들도 고위직 공무원이 될 수 있도록 교육 과정을 개혁하겠다고 약속하면서 이렇게 얘기했다.

"우리 공화국에 있는 그 어떤 아이도 '그건 날 위한 곳이 아니야'라고 말해선 안 된다."

대니얼 마코비츠는 "당신이 엘리트가 아니라면, 그것은 당신 책임이 아니다."라고 말했다. 과거의 귀족은 자식에게 땅과 재산을 물려줬지만 현대의 엘리트 부모는 비싼 비용을 들여 아이를 교육시키고 능력을 물려주기 때문이다. 프랑스에서는 이런 세태가 조금이라도 나아질 수 있을까?

프랑스 정부가 목표로 하는 지속 가능한 사회는, 누구도 배제되지 않고 균등한 기회를 갖는 것을 의미한다. 이제 국립 행정학교는 역사 속으로 사라졌고, 국립 공공서비스학교INSP, Institut National du Service Public가 새롭게 탄생했다. 프랑스 사회는 역사 속으로 한 걸음 더 나아갈 것이다.

2. 자기 착취와 고독 속의 아이들

코로나가 창궐했던 2020년 봄, 〈모여봐요 동물의 숲〉이라는 게임이 전 세계적으로 큰 인기를 끌었다. 심지어 품귀 현상이 일어나 종종 뉴스의 헤드라인을 장식할 정도였다. 이 게임은 낯선 섬에 도착해 집과 마을을 꾸미고 이웃 주민들과 교류하며 소소한 일상을 나누는 힐링의 메시지를 담고 있다. 그런데 유독 한국에서는 '일해봐요 노동의 숲'으로 변질됐다. 밤을 새워 가며 미션을 성공하고 최대한 짧은 시간에 멋진 결과물을 만들어 남들에게 자랑하듯 보여 줘야 직성이 풀리는 한국인들이 힐링 게임마저도 촌각을 다투는 경쟁 게임으로 바꿔 버린 것이다. 우리는 언제까지 이 같은 한국인의 특징을 한강의 기적이라 칭송만 할 것인가?

우리 사회와 교육은 자기 착취와 고립, 두 단어로 요약된다. '노오력이 필요해'라는 표현 속에 잘 담겨 있듯이 자기 착취는 원하는 성과를 이루지 못한 원인을 스스로에게서 찾으며 끊임없이 자신과의 사투를 치르게 한다. 재독 철학자 한병철의 『폭력의 위상학』에 담긴 내용이다. 이는 당연히 타인이나 친구와의 경쟁도 부추긴다. 끊임없는 경쟁에 내몰린 사람은 자신의 어려움이나 고민을 남과 함께 나눌 수 없고, 점점 더 타인과 멀어진다.

고립이 계속될수록 문제점은 눈덩이처럼 불어난다. 노리나 허츠는 『고립의 시대』라는 책에서 현대 자본주의 사회에서는 개개인의 존재감이 점점 사라지고 사회에서도 외면받게 된다고 했다. 주변 사람과 연대하지 못하면 목소리를 낼 방법이 없어지니 약자들은 더욱 고립되고, 악순환의 고리에 갇힐 수밖에 없다. 사회적 관점에서 고립 문제를 바라볼 수도 있지만, 학교를 다니는 아이들에게서도 같은 모습을 관찰할 수 있다.

나는 '무한 경쟁 사회'라는 표현을 매우 싫어한다. 과거 일화가 떠오른다. 한때 나의 상관이었던 어떤 분은 "연구원은 무한 경쟁을 해야 한다."라고 입버릇처럼 말하곤 했다. 물론 그의 학문적 업적과 인품을 존경하지만, 옆자리 동료와, 그리고 나 스스로와 밤낮없이 경쟁하라는 것은 야만적인 사고 아닐까? 타인과 공동의 목표를 향해 머리를 모으고 힘을 합쳐 창의적이고 수준 높은 결과물을 만들 수 있는데 왜 경쟁만을 강요할까? 눈발이 휘날리든 비바람이 세차게 몰아치든, 밤 12시까지 사무실 책상에 앉아 연구 성과를 내고 조직에서 인정받기 위해 모든 것을 쏟아붓는 자세는 어리석다. 우리 인생에는 더욱 가치 있는 것들, 이를테면 사랑하는 사람과 보내는 시간, 눈부신 햇살 아래 산책, 넷플릭스 앞에서 쿠션과 한 몸이 되어 뒹굴거리거나 레몬나무에 물을 주는 나만의 힐링 시간 등이 가득한데 말이다.

조직 생활을 하다 보니 많은 조직이 매년 평가 기준에 맞춰 점수를 내기 위해, 그리고 남들보다 조금이라도 앞서기 위해 많은 시간과 에너지를 쓰는 것을 보게 된다. 그렇게 허비되는 시간이 매우 아까울 뿐이다. 이런 문화에서는 누구든 평가의 주체 혹은 평가의 대상이 되는데, 그렇다면 과연 평가 기준은 공정하다고 할 수 있는가? 공정성을 객관적 잣대로 파악하는 게 불가능하다는 것은 누구라도 조금만 생각하면 알 수 있다.

우리는 좋고 싫고를 떠나 이런 사회에 살고 있다. 이런 사회에서 '번아웃' 직전인 부모와 교육자는 아이들에게 무엇을 요구할까? 중·고등학교에는 수행 평가가 있고 개중 팀 프로젝트가 있다. 팀 프로젝트 점수 산정 방식이 항상 그런 건 아니지만, 많은 경우 같은 팀이라도 모두 같은 점수를 받지는 못하고 결국 누군가는 낮은 점수를 받게 된다. 그래서 똑똑한 아이들은 친한 친구와 함께 좋은 결과물을 만들기보다는, 서로 다른 팀으로 나눠서 참여한다고 한다. 각자 팀에서 최고점을 얻기 위해서, 각자도생이다.

언제나 친구보다 한발 앞서야 하고, 스펙을 하나라도 더 쌓는 걸 우선시하는 현재의 교육 환경은 아이들의 자기 착취를 가속화시켜 점점 더 외롭게 한다. 혼자 제아무리 노력해도 경제력 있는 부모와 비싼 학원의 도움 없이는 좋은 학업 성과를 내거나 경진 대회에서 수상할 수 없다는 것을 체감하며 아이들은 점점 더 패배감과 무력감에 익숙해진다.

주변을 보면 소위 명문대를 나온 부모들이 자식에게 쏟아붓는 교육비와 성적에 대한 집착은 무서울 정도다. 영화 〈미저리〉의 한 장면이 떠오르기도 한다. 한편으로는 마이클 샌델이 『공정하다는 착각』에서 지적한 부분들도 뇌리를 스친다. 소수의 부유층과 사회 지도층은 자신의 아이들이 부모의 지원 덕택에 얻은 성과임에도 불구하고 스스로의 노력으로 얻은 결과라고 믿게끔 만들고 공고한 사회적 지위를 얻게 도움을 준다. 한국에서도 이런 모습을 흔히 볼 수 있다고 샌델은 지적한다. 흔히 말하는 명문대 입학생 중 강남 8학군 학생들의 비율이 압도적으로 높고, 그 추세가 점점 더 뚜렷해지는 것을 보면 우리 사회에서는 교육을 통해 사회 계층이 세습된다는 것을 어렴풋이 알 수 있다. 이런 불공정한 환경 속에서 외롭고 무력감에 빠지기 쉬운 아이들에게 우리는 무엇을 해줄 수 있을까?

3. 14좌, Project Possible

〈14좌〉라는 넷플릭스 다큐멘터리가 있다. 한 네팔인과 그의 동료들이 해발고도 8천 미터가 넘는 히말라야 14좌를 7개월 동안 모두 등정하는 과정을 담은 감동적인 작품이다. 한국에는 '14좌 정복: 불가능은 없다'라는 제목으로 소개되었지만 나는 원제 '14 Peaks: Nothing is impossible'에 더 마음이 간다. 우선 정복이라는 지배적 개념을 강조하지 않고, '어느 것도 불가능하지 않다'는 이중 부정의 개념이 의도를 더욱 직접적으로 전해 주기 때문이다.

다큐멘터리는 '님스 푸르자'라는 인물을 중심으로 전개된다. 그는 네팔에서 태어나 세계에서 가장 용맹한 용병이라 불리는 구르카 부대에서 복무했다. 이후 영국의 특수 부대까지 진출해 임무를 수행했던, 강인한 신체와 정신력을 지닌 긍정적이고 모험심 가득한 사람이다. 그는 교전 중 부상을 당해

생사를 넘나든 후 자신의 인생 목표를 다시 설정했다. 보다 의미 있는 일을 찾던 그는 네팔인의 위상을 높이고 세계에 알리기 위해 매우 대담한 프로젝트를 구상했다.

히말라야로 유명한 네팔은 전 세계의 산악인이 모여드는 나라다. 등반 과정에는 언제나 현지인 셰르파의 도움이 필요하지만, 그렇게 등정에 성공해도 조명은 모두 서양 등반가에게만 비춰졌다. 이에 님스는 세계인 모두가 놀랄 만한 기록으로 고산들을 등정해 네팔인의 위상을 널리 알리겠다고 다짐하고, 단 7개월 만에 히말라야의 고봉 14좌를 모두 등정하겠다는 야심 찬 계획을 세웠다. 참고로, 최초로 14좌를 모두 정복한 사람은 이탈리아 산악가인데 그는 무려 16년에 걸쳐 목표를 이뤘다.

님스는 이 놀라운 계획을 실현하기 위해서 우선 신체를 단련하고 자금을 마련해야 했다. 헬리콥터를 포함한 많은 고가 장비가 동원되기 때문에 어마어마한 액수의 지원금이 필요했다. 그러나 아무도 그의 계획을 후원하지 않았다. 대부분의 사람은 님스를 만류하며 이렇게 말했다.

"그건 불가능해!"

결국 그는 자신의 집을 담보로 은행에서 돈을 빌려 계획을 실행했다. 프로젝트 명칭은 '프로젝트 파서블Project Possible'이라고 지었다. 결과는 성공이었다.

물론 우여곡절도 있었다. 12번째 봉우리였던 '시샤팡마'에서는 중국 정부가 입산을 허락하지 않아 미완의 프로젝트로 끝날 것만 같았다. 그러나 포기하지 않는 그의 도전에 감동한 전 세계인으로 요청에 결국 중국 측은 입산을 허락했다. 마침내 님스의 팀은 '프로젝트 파서블'이 시작된 지 6개월 6일 만에, 14좌에 모두 오를 수 있었다.

모두가 고개를 저을 때 님스는 어떻게 이 일을 해낼 수 있었을까? 그는 계획의 첫 단추를 끼운 순간부터 함께 산에 올라갈 셰르파를 진정한 친구로 대했다. 자신의 업적을 위한 조력자로만 생각하지 않았다. 함께한다는 믿음이 언제나 마음 깊은 곳에 깔려 있었다. 그는 어떤 순간에도 동료와 주변 사람들을 저버리지 않았다. 하산길에 만난 조난자를 구하기 위해 자신의 산소를 나눠 주고 눈보라 속에서 함께 밤을 지새우기도 했다. 그는 목숨이 위험한 순간에도 멈칫거리거나 자신의 안전을 우선으로 생각하지 않았고, 타인을 먼저 배려하고 생각했다. 그의 이런 마음이 하늘까지 닿았는지 프로젝트 내내 팀원 누구도 다치지 않고 무사했다.

이 다큐멘터리는 많은 것을 생각하게 한다. 개인이 사회에서 의미 있는 일을 하기 위해, 좋은 울림을 세상에 퍼뜨리기 위해서 어떤 자세와 마음가짐을 가져야 하는지 알려 준다. 그는 14좌를 등정하며 한순간도 스스로의 유명세나 세상의 인정을 바라지 않았다.

원래 이 책의 마지막 장에서는 '행복한 부모, 행복한 아이'라는 주제의 글을 쓰려고 했다. 자녀 수가 적어지고 경제 수준이 발전할수록 자녀의 교육 성과에 대한 부모의 관심과 개입이 높아지는 것은 어느 나라에서나 흔히 보이는 일반적인 현상이다. 그러나 우리나라의 경우에는 과다함을 넘어 때때로 병적인 집착을 보이기도 한다. 이 부분은 누구도 부정하기 힘들 것이다.

때때로 아이의 학업 성적과 명문대 간판만이 가정의 존재 이유라고 할 정도로 집착하는 이들을 보며 그런 환경 속에서 자란 아이가 어른이 되어 어떤 삶을 살아갈까 고민했다.

부모가 스스로 만족스러운 삶을 추구한다면, 그 과정에서 아이가 자립심과 여유를 갖고 자신의 길을 훌훌 헤쳐 나갈 수 있을 텐데…. 그렇다면 우리 사회는 지금보다 조금이라도 더 풍요롭고 따뜻해질 것이라 믿는다.

2021년의 마지막 날, 그전부터 눈길이 가던 〈14좌〉를 보고 많은 것을 느꼈고 나의 사소한 경험에서 우러난 주장을 쏟아 내는 것보다는 독자들을 다큐멘터리로 초대하는 것이 더욱 깊이 있는 메시지를 전달하리라는 생각이 들었다. 영화 속에서 님스는 말한다.

"모든 네팔 등반가와 셰르파, 그리고 가난한 환경 속에서 자란 이들이 제 여정을 본다면 이렇게 생각하겠죠. 나도 저 사람처럼 될 수 있을 거라고."
"함께하지 않으면 이룰 수 없습니다. 하지만 서로에 대한 깊은 믿음만 있다면, 세상에 불가능한 일은 없습니다."

전 세계가 님스에게 존경을 표했다. 세상의 케케묵은 편견을 바꾼 그의 발걸음은 남들을 앞서기 위해 시작된 다른 이들의 발걸음과는 달랐다. 그의 언행은 우리 모두에게 깊은 울림을 준다.

머지않아 우리의 앞날을 이끌어 갈 아이들이 교육 속에 어떤 자세를 익히고 배워야 할지, 나는 하버드가 아닌 네팔의 산자락에서 답을 찾았는지도 모른다.

단행본

- 노리나 허츠, 『고립의 시대』, 웅진지식하우스, 2021
- 데이비드 하비, 『자본주의는 당연하지 않다』, 선순환, 2021
- 제러미 러프킨, 『노동의 종말』, 민음사, 2005
- 제러미 러프킨, 『한계비용 제로 사회』, 민음사, 2014
- 피터 드러커, 『넥스트 소사이어티』, 한경클래식, 2007
- 한병철, 『투명사회』, 문학과지성사, 2014
- 한병철, 『폭력의 위상학』, 김영사, 2020
- 한병철, 『피로사회』, 문학과지성사, 2012

기사

- 안희경, "당신이 엘리트가 아니라면, 그건 당신 잘못이 아닙니다", 《한겨레》, 2021.8.19.
- 이하늬, 세 살부터 대학 학비 2배 영어학원 다닌 그들…'노력'으로 따라갈 수 있나 [능력주의는 얼마나 공정한가(하)], 《경향신문》, 2021.11.10.
- Alain Auffray, L'ENA passe l'examen de sortie, 《LIBERATION》, 2019.4.17.
- Alice Raybaud, Etudes de santé : un dispositif transitoire avant la grande réforme de 2020, 《Le Monde》, 2019.1.10.
- Antoine Pelissolo, La transformation du système n'est pas si simple, 《Le Monde》, 2018.9.17.
- Aymeric Parthonnaud, "Gilets jaunes" : la statue saccagée de l'Arc de

Triomphe n'est pas une Marianne, 《RTL》, 2018.12.3.
- Bernard Attali, Pourquoi jeter l'ENA en pâture aux 〈gilets jaunes〉?, 《Les Echos》, 2019.5.2.
- Bérangère Lepetit, Fin de l'ENA : la future école gardera les mêmes salariés et les mêmes locaux,, 《Le Parisien》, 2021.5.5.
- Camille Stromboni, Parcoursup : la fin de la première année commune aux études de santé met les universités sous tension,, 《Le Monde》, 2019.12. 21.
- Iris Peron, Arc de Triomphe saccagé : qui sont les 17 Gilets jaunes renvoyés devant la justice?, 《Le Parisien》, 2020. 9.4.
- Nelly GUET, La loi pour l'école de la confiance contient-elle des réponses à la crise des gilets jaunes?, 《Les Echos》, 2019.3.6.
- La suppression de l'ENA (enfin) imminente, 《LIBERATION》, 2021.4.8.

다큐멘터리
- 〈14좌 정복: 불가능은 없다〉(2021)
- KBS 시사기획 창 〈오늘부터의 미래, 다른 성장〉(2022)

기타
- Centre d'observation de la société (https://www.observationsociete.fr)
- Cours Thalès (https://www.cours-thales.fr)
- International Baccalaureate (https://www.ibo.org)
- Institut Agro Rennes-Anger (https://www.agrocampus-ouest.fr)
- Journal-officiel (https://www.journal-officiel.gouv.fr)
- Université de Bretagne Occidentale (https://www.univ-brest.fr)
- VousNouslls, l'emag de l'éducation (https://www.vousnousils.fr)
- YouScribe (https://www.youscribe.com)

© Henri Garat

앞서지 않아도 행복한 아이들

기회 균등한 열린 사회는 학교에서 시작된다

1판 1쇄 인쇄 | 2022년 7월 5일
1판 1쇄 발행 | 2022년 7월 15일

지은이 최민아
일러스트 이지우

펴낸이 송영만
디자인 자문 최웅림
편집 송형근 김미란 이상지 **디자인** 조희연
마케팅 이유림 조희연

펴낸곳 효형출판
출판등록 1994년 9월 16일 제406-2003-031호
주소 10881 경기도 파주시 회동길 125-11(파주출판도시)
전자우편 editor@hyohyung.co.kr
홈페이지 www.hyohyung.co.kr
전화 031 955 7600

값 16,000원